Apprendre en jouant

Apprendre en jouant

Dr Dorothy Einon

97-B, Montée des Bouleaux, Saint-Constant, Qc, Canada, J5A 1A9,
Tél. : (450) 638-3338 / Télécopieur : (450) 638-4338
Site Internet : www.broquet.qc.ca

Sommaire

Catalogage avant publication de Bibliothèque et Archives Canada

Einon, Dorothy

Apprendre en jouant

Traduction de: Things to do to play and learn.
Comprend un index.

ISBN 2-89000-697-2

1. Jeux éducatifs. 2. Activités dirigées. 3. Travaux manuels. I. Titre.

GV1480.E3914 2005 790.1'922 C2005-940853-7

Pour l'aide à la réalisation de son programme éditorial, l'éditeur remercie :
Le gouvernement du Canada par l'entremise du Programme d'aide au Développement de l'industrie de l'Édition (PADIÉ) ;
La Société de Développement des Entreprises Culturelles (SODEC) ; L'association pour l'Exportation du Livre Canadien (AELC).

Traduction du livre original :
Things to do to play and learn

Dépôt Légal - Bibliothèque nationale du Québec
2e trimestre 2005

Traduit par Christine Chareyre

Imprimé en Chine

ISBN : 2-89000-697-2

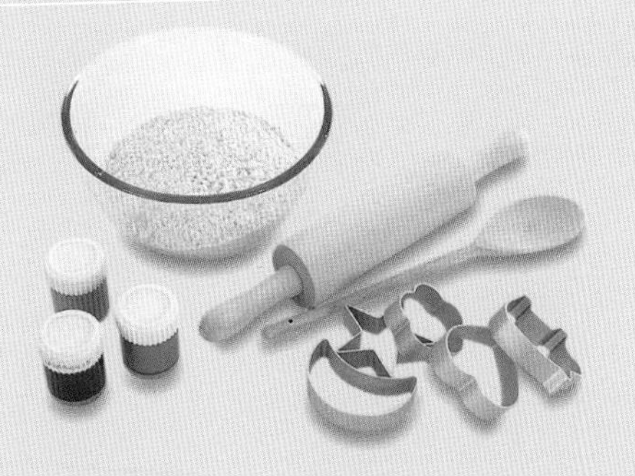

Introduction

« Pour aider un enfant à connaître toutes ses potentialités, les parents doivent veiller à ce que ses premières années soient placées sous le signe du jeu. »

Pour le jeune enfant, le jeu est de l'apprentissage. Celui-ci est donc source de plaisir. Les enfants sont déterminés par la nature à apprendre par le jeu; c'est même leur seul moyen d'accomplir tout ce qu'ils doivent pendant les premières années de leur vie. Lorsque le bébé quitte l'obscurité du ventre maternel, où il perçoit la respiration de sa mère, les battements de son cœur et de son sang, il pénètre dans un univers de stimulations multiples et imprévisibles. Vulnérable physiquement, il a une mémoire éphémère, et sa capacité de communiquer, d'agir ou d'appréhender ce qui se passe autour de lui est presque inexistante.

À l'âge de l'école maternelle, l'enfant sait partager ses pensées et ses sentiments avec ses parents dans un langage complexe, formuler des hypothèses sur le fonctionnement des choses, reconnaître des lieux et des gestes familiers, ainsi que s'en souvenir. Il s'alimente et s'habille seul, met en scène des histoires et expérimente par le jeu. Il sait courir, sauter, grimper ; dessiner un bonhomme ; chanter des chansons simples. Tour à tour, il vous manifeste de l'affection et invente des mensonges, vous charme et contrecarre vos désirs, vous fait craquer avec son sourire coquin et obtient de vous ce qu'il veut contre votre volonté. Les premières années de sa vie sont particulièrement riches en acquis.

L'enfant ne peut accomplir de tels progrès que s'il effectue ces apprentissages de son plein gré et avec plaisir – autrement dit, par le jeu. Celui-ci est naturel pour lui et, à chaque étape de son développement, il joue de la manière la mieux appropriée aux tâches qu'il doit entreprendre. Le vœu le plus cher des parents, c'est que leurs enfants développent toutes leurs potentialités, et cet objectif ne peut être atteint que si leurs premières années sont placées sous le signe du jeu.

Les capacités innées d'un enfant se développent par les expériences, mais il ne les recherche que si elles lui procurent du plaisir. Nous ne pouvons pas apprendre à la place de nos enfants. Le meilleur moyen de s'assurer qu'ils progressent dans leurs apprentissages consiste à veiller à ce que leur corps et leur esprit soient entièrement impliqués dans ce qu'ils font. Il est inutile de les aider, de les corriger, de leur fournir des explications tant que cette condition n'est pas remplie.

Faites confiance à votre enfant

La confiance que peuvent témoigner les parents envers les capacités de leur enfant est essentielle à son développement. Selon des études, les enfants qui ont confiance en eux progressent mieux que les autres. Il se peut que votre fils ne dessine pas aussi bien que sa sœur, mais s'il croit en ses capacités, et si vous lui manifestez de la confiance, il fera preuve de la meilleure volonté possible et prendra plaisir à dessiner. Au contraire, si vous soulignez la supériorité de sa sœur, il n'aura que peu ou pas d'intérêt pour le dessin. Cela ne signifie pas que vous deviez le complimenter même s'il accomplit sa tâche avec négligence ou sans attention.

Si vous ne pouvez pas formuler d'opinion positive, abstenez-vous de tout commentaire. En règle générale, les compliments doivent l'emporter sur les critiques. En grandissant, les enfants développent leur niveau de conscience. Votre fils sait qu'il ne sera jamais champion de football, mais il est inutile que vous le lui rappeliez chaque fois qu'il tape dans le ballon. Au contraire, manifestez de l'intérêt pour ce qu'il fait, montrez-lui que vous appréciez ses efforts.

Encouragez la créativité et l'apprentissage

Les jeunes enfants ont besoin de structures. Si vous leur laissez le choix entre un nouveau livre et une histoire qu'ils connaissent par cœur, ils opteront pour cette dernière, surtout lorsqu'ils sont fatigués. Bien que le jeu paraisse plus libre et plus adapté au rythme de l'enfant que l'apprentissage codifié, cela ne signifie pas qu'il est sans structure ou élément

« En règle générale, les compliments doivent l'emporter sur les critiques. »

familier. Souvent, le jeu consiste à répéter la même tâche à l'infini, mais l'absence de réflexion n'est pas synonyme d'inutilité. Avec la pratique, le comportement se transforme en un acquis qui devient automatique. Parfois, le jeu est axé sur la nouveauté – découvrir le fonctionnement des objets et réagir en conséquence. Ces deux catégories de jeux sont essentielles. Les premiers peuvent être exécutés dans n'importe quelles conditions, les autres nécessitent un environnement propice à la concentration. Les enfants ont autant besoin de jeux libres que structurés, et la répétition est nécessaire à l'apprentissage.

Ce ne sont pas les jouets, les livres ou l'environnement physique qui importent le plus pour l'enfant, mais son environnement social. Vous aurez beau remplir la maison de jouets et ses journées d'activités, c'est votre présence attentive qui compte pour que votre enfant progresse. C'est la manière dont on s'occupe de ses enfants au quotidien qui fait la différence. La créativité constructive repose sur les relations parents-enfants et la confiance en soi qu'acquièrent ces derniers, et non sur le nombre de jouets dont ils disposent.

« Vous aurez beau remplir la maison de jouets et ses journées d'activités, c'est votre présence attentive qui compte pour que votre enfant progresse. »

Favorisez la concentration

Le manque de concentration peut être dû à des facteurs internes ou externes. Parmi les premiers figurent la nervosité de l'enfant, la fatigue, la faim, une tendance à l'agitation. Ils sont plus répandus chez les plus jeunes, notamment les petits garçons. Tous les enfants ayant besoin d'évacuer régulièrement leur trop-plein d'énergie, faites-les danser en musique ou courez avec eux dans le jardin. Ils se débarrasseront ainsi des tensions et se calmeront.

Parmi les facteurs externes, produits par l'environnement, figurent le bruit (notamment ceux de la radio et de la télévision), d'autres activités (comme des enfants qui jouent), et la présence d'autres jouets. Pour favoriser la concentration, éteignez la télévision, éclairez la zone de jeu plutôt que la pièce entière et éloignez les jouets que l'enfant n'utilisera pas. Il pourra d'autant mieux se concentrer que les distractions seront moins nombreuses.

Organisez la journée

L'organisation rassurant les enfants, planifier la journée facilite la vie de toute la famille. Alternez activités toniques et activités calmes ; transformez le rangement en jeu, en musique par exemple. Notez que la plupart des enfants se concentrent mieux le matin, et difficilement avant le coucher.

Parents éducateurs

Les parents connaissant leurs enfants mieux que quiconque, ils peuvent leur dispenser toute la sollicitude dont ils ont besoin, choisir le moment opportun pour les encourager et les guider. Il n'est pas de meilleurs éducateurs que les parents pour les jeunes enfants.

Quelques points importants

- Votre enfant possède une structure innée qui détermine ce qu'il doit apprendre et le fait progresser dans la bonne voie. En apprenant à utiliser sa main, il saisit des objets. Lorsqu'il maîtrise l'équilibre, il commence à sauter.
- Tous les enfants franchissent les mêmes étapes à peu près au même âge. Observez attentivement votre enfant, puis cherchez les activités qui peuvent lui convenir dans ce livre. S'il y prend plaisir, vous avez bien choisi. Sinon, essayez de nouveau quelques semaines plus tard.
- Plus l'enfant est jeune, plus il pose des questions par des actes. En général, nous sommes prêts à y répondre, mais certaines « questions/actes » sont inacceptables ou inappropriées, comme par exemple : « Qu'est-ce ça fait si je renverse mon verre par terre ? » Dans ce cas, créez une diversion. S'il persiste à poser une telle question (en renversant tous ses verres par terre), elle est sans doute importante pour lui. Cherchez alors une solution : proposez-lui de jouer dans l'évier ou dans son bain avec des ustensiles en plastique.

L'apprentissage par le jeu est favorisé lorsque :

- Les enfants se sentent libres de s'exprimer.
- Les enfants grandissent dans un environnement favorable aux idées et aux expériences nouvelles.
- Les enfants sont invités à soumettre et à évaluer leurs idées.
- Les enfants ont le droit d'être différents.
- Les enfants sont encouragés à envisager plusieurs solutions pour un même problème.
- La discipline est ferme, mais non punitive.
- Les parents tolèrent un certain désordre.
- Les parents prennent en compte les réalisations de leurs enfants.
- Les parents ont confiance dans les capacités de leurs enfants.
- Les parents laissent leurs enfants poursuivre leurs jeux lorsqu'ils s'amusent bien.
- Les parents apportent leur aide sans interférer.
- Les parents font preuve de créativité et de souplesse.
- Les enfants écoutent des histoires.
- Les enfants peuvent jouer à « faire semblant ».
- Les enfants ont des contacts réguliers avec d'autres enfants.

La psychomotricité

2 ans

- L'enfant sait marcher et parler, traîner ou transporter un jouet.
- Il s'assoit sur son tricycle et avance avec les pieds.
- Il court en posant les pieds à plat et avec de courtes foulées, mais une bonne coordination. Il contrôle mal ses arrêts et sa vitesse.
- Il se dresse sur la pointe des pieds et y reste brièvement.
- Il tient la rampe pour monter les escaliers en avançant le même pied à chaque fois, et en réunissant les deux pieds sur chaque marche.
- Il fait de petits sauts à pieds joints et saute un peu sur un pied. Il fait de nombreux mouvements des bras, mais ne s'accroupit pas.
- Il contourne les obstacles avec son tricycle.

2 ans ½

- Il marche sur un mur si vous lui tenez la main.
- Il se tient quelques secondes en équilibre sur un pied.
- Il monte les escaliers en avançant alternativement les deux pieds, mais en les réunissant sur chaque marche. Il descend les escaliers en avançant toujours le même pied.
- Il grimpe les échelles et descend les toboggans.
- Il saute de la dernière marche de l'escalier sans tomber.
- Il reproduit les gestes d'une chanson mimée.
- Il avance sur la pointe des pieds en gardant l'équilibre.
- Il sait utiliser les pédales de son tricycle, mais préfère avancer avec les pieds.
- Il court vite avec assurance, mais en posant toujours les pieds à plat. Il a du mal à contrôler sa direction, sa vitesse et ses arrêts.

3 ans

- Il traverse une pièce sur la pointe des pieds.
- Il court plus facilement, mais toujours les pieds à plat. Il a du mal à tourner et à s'arrêter rapidement.
- Il monte et descend les escaliers en réunissant les deux pieds sur chaque marche.
- Il saute cinq à dix fois à pieds joints, deux à cinq fois sur un seul. Il s'accroupit pour démarrer, mais ne plie pas ses genoux pour s'arrêter.
- Il saute d'une marche.
- Il franchit un obstacle de 7 à 10 cm de haut.
- Il marche sur un mur en avançant toujours le même pied et en rassemblant les deux.
- Il avance de 2 m et recule de 1 m sur une poutre de 7,5 cm de large.
- Il marche parfois sur un mur sans se tenir.

3 ans ½

- Il commence à monter les escaliers en alternant les pieds, mais les descend toujours en avançant le même.
- Il pose un genou par terre à partir de la position debout.
- Il commence à contrôler les départs, les arrivées et les changements de direction en courant.
- Il saute dix fois à pieds joints et cinq fois à cloche-pied avec une certaine raideur, mais avec de nombreux mouvements de bras.
- Il saute d'une hauteur de 80 cm.
- Il avance de 2,5 m et recule de 1,5 m sur une poutre de 7,5 cm de largeur.
- Il saute sur un pied, puis ramène l'autre.

4-5 ans

- Il monte les escaliers en alternant les pieds, mais les descend toujours en avançant le même.
- Il commence à décoller du sol et à tourner en courant. Vers la fin de l'année, il contrôle les départs et les arrêts, mais difficilement les changements de direction.
- Il essaie de courir au galop, mais y parvient difficilement.
- Il saute sur un pied sept à neuf fois de suite.
- Il avance de 2,5 à 3 m et recule de 2 m sur une poutre de 7,5 cm de largeur.
- Il fait un saut de 20 à 25 cm à pieds joints, de 60 à 84 cm en courant et franchit un obstacle de 23 cm de haut.

5-6 ans

- Il commence à changer de direction en courant, ses foulées s'allongent, et il décolle davantage du sol.
- Il court au galop, contrôle les départs et les arrêts en courant.
- Il saute sur un pied dix fois de suite ou plus, avec davantage de détente dans les chevilles, les genoux et les hanches.
- Il sautille – à 6 ans, sur la plante des pieds.
- Il avance de 3,5 m et recule de 2,5 m sur une poutre de 7,5 cm de largeur.
- Il grimpe une échelle en corde sans être soutenu, parfois une corde. Il essaie de grimper dans les arbres.
- Il fait des sauts de 40 à 45 cm à pieds joints, de 70 à 90 cm en courant et franchit un obstacle de 23 cm de haut.

La coordination œil-main

2 ans

- L'enfant manifeste une préférence pour sa main gauche ou sa main droite.
- Il utilise son pouce et son index ou ses autres doigts pour saisir les objets. Il les montre du doigt, les pousse avec les doigts, les tord, les caresse.
- Il enfile de grosses perles sur un fil.
- Il pose des cubes les uns sur les autres pour construire une petite tour et place des pièces dans un puzzle.
- Il réalise parfois des constructions faciles.
- Il regarde les livres en montrant les illustrations du doigt.

2 ans ½

- Il dessine de grands cercles, de petits traits et fait des gribouillages.
- Il coupe le papier avec des ciseaux, mais ne sait pas découper des images.
- Il verse maladroitement l'eau dans les verres et aime s'amuser dans l'évier.
- Il aime la sensation du sable ou du riz qui glisse entre les doigts.
- Il effectue des tâches domestiques simples comme l'époussetage.
- Il s'habille seul, mais a des difficultés avec les fermetures Éclair, les boutons et les chaussettes. Il enfile de travers les pantalons, les chaussures et les T-shirts.
- Il sait tourner les pages des livres.
- Il réalise des puzzles et des constructions simples.
- Il aime utiliser ses mains, tripoter les objets, fouiller avec ses doigts.

3 ans

- Il est capable de reproduire une forme simple sur le papier.
- Il place les objets avec davantage de précision et progresse dans l'assemblage des puzzles et des jeux de construction. Il construit des tours d'environ huit éléments.
- Il verse correctement l'eau dans les verres. Il aime jouer avec l'eau, le sable et la pâte à sel ou à modeler.
- Il mange à peu près proprement, se lave le visage, utilise une brosse à dents, s'habille facilement.
- Il met la table et trie le linge. Il aime aider.
- Il sait parfois dessiner grossièrement un visage.

3 ans ½

- Il dessine des formes simples.
- Il s'habille seul, mais a toujours des difficultés avec les boutons, les fermetures Éclair et les chaussures.
- Il mange et boit proprement.
- Il roule la pâte à modeler en boule qu'il coupe avec un couteau, et sait parfois étaler du beurre mou sur du pain.
- Ses gestes sont plus amples et plus fluides. Il aligne les pièces des puzzles et des constructions avant de les assembler. Pour dessiner, il soulève le crayon du papier et le pose à l'endroit où il désire commencer le nouveau trait.

4-5 ans

- Il dessine des personnages avec un visage, des yeux et un nez. Ils ont parfois des jambes, mais rarement de corps. Vers la fin de l'année, il ajoute parfois des bras. Il dessine des maisons grossièrement, quelquefois des voitures. Il sait parfois écrire son nom. Ses coloriages manquent de précision.
- Il assemble des puzzles de dix à vingt-cinq pièces avec de la pratique, et commence à utiliser des kits de construction simples. Il parvient parfois à suivre les instructions de l'emballage, mais avec de l'aide.
- Il sait parfois donner plusieurs coups de ciseaux successifs, mais découpe sans précision.
- Il lance de petits ballons, mais sans bien viser. Il rattrape de gros ballons avec les bras et les mains. Il commence à lancer en levant les bras.
- Il mange avec une fourchette et étale du beurre sur le pain.
- Il s'habille seul, mis à part les vêtements difficiles à enfiler.
- Il met du savon sur le gant et du dentifrice sur la brosse. Il essuie ses mains et son visage, mais pas son corps.

5-6 ans

- Il dessine des arbres, des animaux, des personnages, des maisons, et commence à les assembler en tableaux. Il écrit son nom. Il contrôle mieux le crayon, trace des traits, des lettres, colorie mieux, mais en débordant toujours un peu.
- Il utilise un couteau et une fourchette, mais a du mal à couper sa viande.
- Il utilise un marteau, un balai, une pelle. Il découpe le long des lignes droites et courbes avec des ciseaux, mais a toujours du mal à découper des formes.
- Il transporte des objets avec soin. Il peut se tenir debout en tenant un verre et en buvant en même temps.

Le langage

2 ans

- L'enfant possède un vocabulaire d'environ 50 mots et il en comprend plusieurs centaines. Il construit des phrases de deux mots.
- Il commence à employer des pronoms (moi, elle) et des prépositions (sur, dans), mais son langage est toujours télégraphique : « Poisson, là » au lieu de « Regarde le poisson ». Certains mots et terminaisons de mots manquent.
- Il exprime la répétition (« encore des bonbons »), le manque (« plus de lait »). Il emploie des adjectifs qualificatifs (« grande voiture ») et démonstratifs (« ce ballon-là »). Il construit des phrases avec des sujets et des compléments d'objet (« le chien mord l'os »).
- Il comprend des instructions simples et parle de ce qu'il a fait. S'il y est encouragé, il exprime ce qu'il souhaite.
- Il aime qu'on lui lise des livres et se souvient des histoires simples.
- Il aime vous avoir en face de lui lorsque vous lui parlez.
- Il connaît son nom entier et parfois son adresse.

2 ans ½

- Il acquiert une cinquantaine de mots chaque mois et en connaît un millier à l'âge de 2 ans ½. Il construit des phrases de deux ou trois mots, toujours dans un style télégraphique.
- Il connaît le nom des membres de sa famille, de ses animaux familiers, et son adresse.
- Il utilise souvent les pronoms « je » et « moi », mais pas toujours correctement. Il emploie « dans » et « sur ». Il utilise le passé (« Le chat a bu le lait »).
- Il exprime ce qu'il ressent, demande la signification des mots et le nom des objets.
- Il aime les livres, comprend un langage et des histoires plus complexes.

3 ans

- Il continue à acquérir une cinquantaine de mots par mois.
- Il construit des phrases de deux à quatre mots, qu'il relie entre elles pour exprimer des idées plus complexes. Il demande ce qu'il veut et exprime ce qu'il ressent, peut raconter sa journée.
- Il utilise la négation : « Je n'aime pas le poisson », « Ce n'est pas à toi ».
- Il pose sans arrêt des questions commençant par « où, pourquoi, qu'est-ce que ? », ou utilisant les verbes « pouvoir », « avoir » et « faire », mais l'ordre des mots n'est pas toujours correct.
- Il emploie les auxiliaires : « J'ai mangé », « Je suis allé ».

3 ans ½

- Il connaît environ 1 250 mots et continue à en acquérir une cinquantaine chaque mois.
- Ses phrases ont une structure plus complexe : « Tu penses que je peux le faire », « Je comprends ce que tu veux dire ». Il peut raconter une histoire simple.
- Il continue à poser des questions commençant par « pourquoi, où, qu'est-ce que… », mais a du mal à y répondre. Il utilise « si » et « parce que ».

4-5 ans

- Il connaît 1 800 mots et continue à en acquérir une cinquantaine par mois.
- Il construit des phrases de quatre à cinq mots. Son langage, fluide, comporte peu d'erreurs.
- Il comprend, mais ne peut pas formuler de phrases complexes comme « Il savait que Samuel allait venir nous voir ».
- Il utilise les conjonctions de coordination : « J'aime la banane, mais je n'ai plus faim », « Je veux acheter un pain au chocolat et des bonbons à la boulangerie ».
- Il raconte des histoires à ses peluches et leur lit des livres. Il commente ce qu'il fait en jouant et parle souvent seul.

5-6 ans

- Il connaît plus de 2 000 mots et en acquerra un millier de plus au cours des années suivantes.
- Il construit des phrases plus longues, de six à huit mots.
- Ses phrases reposent sur des structures grammaticales de plus en plus complexes : « Je vais boire mon lait, mais je ne l'aime pas », « Marie savait que je voulais dessiner avec ce feutre-là. »

Les apprentissages

2 ans

- L'enfant cherche à savoir comment les choses se produisent et il les répète à l'infini. Il observe et s'implique dans les activités.
- Il se reconnaît sur les photos et dans le miroir. Il imite et parle des objets en les personnifiant : « Méchante chaise ».
- Il répète les comptines et chansons simples, prend plaisir à participer, conteste si vous passez une page dans son livre favori.
- Il aime les sorties et les expériences nouvelles.
- Il sait trier les jouets en catégories simples, comme les puzzles et les peluches, mais pas établir de distinctions plus subtiles, comme les ours et les lapins. Il assortit une tasse et une soucoupe de la même couleur.
- Il comprend que l'argent sert à acheter des choses, sans saisir sa valeur.

2 ans ½

- Il bavarde, invente des histoires simples, se rappelle les événements de la veille et ceux d'un passé plus lointain. Certaines situations réveillent des souvenirs ; en retournant dans un parc découvert quelques mois auparavant, il se souviendra où trouver le marchand de glaces, et avoir vu abattre un arbre – sans en avoir parlé auparavant.
- Il répète les choses pour s'en souvenir. Il sait comparer la hauteur et la taille de deux objets, mais sans précision.
- Il parle comme si vous partagiez ses pensées et ses expériences, comme si tout était centré sur lui.
- Il classe les objets d'après un seul critère, par exemple la couleur.
- Il croit que la mort est éphémère. Il pense parfois que les événements tristes se produisent parce qu'il a été méchant, et que si A est la cause de B, B est aussi la cause de A – s'il cogne la chaise, celle-ci le cognera.
- Il établit des liens de causalité en fonction de la proximité des choses. Il pense que c'est le bruit du moteur qui fait avancer la voiture.

3 ans

- Il construit facilement un puzzle de quatre à six pièces, de dix ou plus avec de la pratique. Il aime les jeux de construction – surtout avec de grosses pièces.
- Il se souvient de l'emplacement des objets – il aime chercher vos clés.
- Il aime parler de ce que vous faites et apprend ainsi à raconter des histoires simples.
- Il reconnaît parfois la première lettre de son nom sur les affiches publicitaires.
- Il se réfère à ce qu'il a fait la veille.

3 ans ½

- Il aime les jeux de construction, mais a du mal à planifier. Lorsque ses tours s'écroulent ou qu'il n'obtient pas les résultats escomptés, il est très déçu.
- Il parle comme si vous partagiez ses expériences, en décrivant ce qu'il a fait à l'école comme si vous y étiez. Il pense que vous pouvez voir ce qu'il voit, même si vous lui faites face.
- Il bavarde et commente les événements qui se produisent.

4-5 ans

- Il commence à prendre en compte l'autre, et à établir une relation avec lui. Il comprend ainsi qu'il doit vous expliquer ce qui s'est passé en votre absence.
- Il peut relier deux idées ou davantage, et aboutir à une conclusion.
- Il joue à des jeux de société simples, mais n'a pas le sens de la stratégie. Il se souvient de l'emplacement des choses et réussit bien les jeux de cartes, sollicitant cette compétence.
- Il peut compter, et sait que trois est supérieur à deux, mais pas toujours que six est supérieur à cinq.
- Il réalise des constructions plus complexes, car il commence à prévoir.
- Il raconte des plaisanteries, sans savoir pourquoi elles sont drôles. Il essaie d'en faire lui-même.

5-6 ans

- Il tient compte de ce que les autres voient et ressentent, mais sans utiliser de stratégies. Il commence à comprendre les plaisanteries.
- Il commence à classer les objets (du plus petit au plus gros), range et trie en utilisant plus d'un critère – forme et couleur, par exemple.
- Il reconnaît les lettres et certains mots, en les repérant sur les affiches publicitaires et dans les livres. Il écrit son nom et sait compter jusqu'à dix, sans savoir que neuf est supérieur à huit.
- Il pose la question « Qu'est-ce qui se passe si… » en observant attentivement et en proposant des explications.
- Il se souvient des événements de la veille, parle de ceux qui se sont produits dans un passé plus lointain.
- Il accomplit certains gestes plus méthodiquement.
- Sa logique demeure sommaire. Il croit toujours qu'un verre haut et étroit contient davantage de jus d'orange qu'un verre bas et large.

La socialisation

2 ans

- L'enfant est affectueux, mais parfois timide avec les étrangers, et dans les lieux inconnus.
- Il pique des crises de colère (une par jour en moyenne), mais seulement avec les personnes qu'il aime. Il retrouve ensuite son calme.
- Il insiste pour faire les choses tout seul, mais il estime mal ses capacités, et supporte difficilement ses échecs.
- Il aime la compagnie d'autres enfants, surtout lorsqu'ils sont plus âgés que lui, mais il a parfois du mal à jouer avec ceux de son âge.
- Il imite ses parents et ceux qui s'occupent de lui.
- Il partage ses jouets, mais les récupère brutalement.
- Il connaît son sexe.

2 ans ½

- Affectueux, il vous réconforte si vous paraissez malheureux – ainsi que les autres enfants.
- Il s'accroche toujours à vous, mais il apprécie de rester dans un lieu familier avec des personnes qu'il connaît (même s'il proteste lorsque vous partez).
- Il prend plaisir à jouer avec d'autres enfants et se joint à eux spontanément sans y être invité. Il s'intègre mieux en collectivité. Il lie parfois amitié avec un autre enfant, mais de manière éphémère. À cet âge, les enfants sociables se démarquent des enfants timides.
- Il insiste pour faire les choses tout seul, mais il estime mal ses capacités et supporte difficilement ses échecs. Ses crises de colère, moins fréquentes, deviennent plus prévisibles – il est souvent de mauvaise humeur avant, et manifeste des exigences excessives.
- Il a le sens de la propriété et défend ses biens. Il partage en collectivité, mais pas toujours chez lui.
- Il aime choisir ses aliments et ses vêtements. Il se soumet mieux aux règles de la vie familiale.

3 ans

- Il joue et tisse des liens avec les autres sans avoir besoin de votre présence. Il parle de ce qu'il fait, parfois en se vantant.
- Ses crises de colère, moins fréquentes, sont plus prévisibles. Il regrette souvent *a posteriori*, et cherche du réconfort. Il se soumet mieux aux règles de la vie familiale, il aide et il est attentionné.
- Il a souvent du mal à partager et il défend ses biens. Il est parfois désagréable avec ses frères et sœurs.
- Il recherche la compagnie de ses copains. Il s'intègre dans les jeux des autres et leur propose de jouer avec lui. Il cherche le contact avec les adultes qu'il ne connaît pas et les enfants plus âgés, mais il a du mal à entrer en contact avec des enfants de son âge qu'il ne connaît pas.
- Il imite les adultes et les autres enfants. Les stéréotypes liés aux sexes sont profondément ancrés en lui – ils le resteront jusqu'à l'âge de 7 ans.

3 ans ½

- Il joue bien avec les enfants de tous âges, mais a du mal à partager ses biens. Il a tendance à rechercher les enfants du même sexe.
- Il a parfois un copain privilégié, et il tisse avec les autres enfants des liens un peu plus durables. À l'école, il choisit ses activités en fonction des participants.
- Il aime les jeux d'imitation (le papa et la maman), a tendance à moins se vanter. Il joue parfois seul au milieu d'une collectivité.
- Les schémas stéréotypés liés au sexe se renforcent. Les filles parlent souvent des garçons de manière désobligeante : « Ils sont méchants et bruyants – on ne joue pas avec eux. »

4-5 ans

- Il joue volontiers avec les autres enfants, dont il partage les jeux d'imagination, de rôles, les rires et les conversations. Vers l'âge de 5 ans, il est capable de « bavarder » avec deux ou trois camarades, en respectant les règles de la conversation, mais il préfère s'adresser à un seul. S'il recherche la compagnie des enfants, il apprécie aussi la solitude. Les garçons commencent à jouer en groupes plus importants que les filles, les uns et les autres choisissant de préférence les partenaires du même sexe. Ses idées sur le sexe opposé sont stéréotypées, de même que son choix de jouets, ses copains l'influençant de plus en plus.
- Il comprend qu'il avait, qu'il a et qu'il aura toujours le même sexe, mais le garçon croit que s'il fait des choses réservées aux filles, il peut devenir une fille.
- Il commence à comprendre que les autres ne partagent pas ses pensées ni ses sentiments.
- Il a parfois un meilleur ami, et il est malheureux si celui-ci le laisse tomber.

5-6 ans

- Toujours affectueux et attentionné, il peut aussi se montrer désagréable et tyrannique. Il lui arrive de s'en prendre à d'autres enfants et de les exclure de ses jeux. Les disputes avec les frères et sœurs se multiplient pendant les deux ou trois années qui suivent. Elles ont souvent lieu avec les enfants du même sexe que lui, les garçons se querellant davantage que les filles. Mais les filles sont parfois manipulatrices et méchantes entre elles, tout en jouant les victimes innocentes.
- Il semble se quereller pour le simple plaisir, mais il est aussi très protecteur envers ceux avec lesquels il se dispute.
- Il commence à utiliser des stratégies dans les jeux et dans la vie. Il manipule, trompe, triche, invente des mensonges pour éviter les réprimandes et ne raconte plus toujours tout ce qu'il fait. Vous ne représentez plus le centre de son univers.
- Il aime plaire, mais devient de plus en plus compétitif, reflétant les valeurs de la société dans laquelle il est élevé. Il distingue de plus en plus le bien du mal.
- Il partage ses sentiments avec vous, apprécie les histoires sans illustrations, pleure parfois lorsqu'elles sont tristes.

musique, danse

et chansons

Apprendre à écouter

à partir de 3-4 ans	
intérieur	✓
nombre d'enfants	illimité
durée	10 minutes ou plus
aide nécessaire	✓
pas salissant	✓

MATÉRIEL

- **paquets de riz, de pois cassés, de haricots secs**
- **couvercles de casseroles, boîtes de conserve, bouteilles**
- **cuillères en bois et en métal**
- **magnétophone et cassettes**

Ce que l'enfant apprend

L'enfant se familiarise avec les composantes mélodiques et rythmiques du son. Il prend plaisir à participer à une activité collective.

Les jeunes enfants ont souvent du mal à se concentrer pendant plus de quelques minutes pour écouter de la musique. La première étape consiste donc à leur apprendre à écouter, à remarquer les différences entre des sons proches, à comprendre comment une sonorité peut exprimer une émotion, un état d'âme.

déroulement de l'activité

QUELLE EST LA DIFFÉRENCE ?

Secouez un paquet de riz et un paquet de pois cassés devant l'enfant. Entend-il la différence? Procédez de même derrière son dos. Reconnaît-il les paquets? Vous pouvez faire le même exercice avec une cuillère en bois et une cuillère en métal que vous frappez sur un couvercle de casserole.

COU-COU

Amusez-vous à prononcer « Cou-cou » – le premier *cou* est aigu, le second grave – de moins en moins fort, depuis le cri jusqu'au chuchotement. Invitez l'enfant à vous imiter.

Fabrication de maracas

CHANTONS ENSEMBLE

Pour sensibiliser les jeunes enfants à la musique, écoutez des chansons ensemble, puis faites-les chanter.

PAIRES DE SONS

Enregistrez des « paires de sons » en chantant, en parlant ou en criant. Certaines paires doivent avoir des sons identiques, d'autres, des sons différents. Écoutez-les avec les enfants : lorsque les sons sont identiques, l'enfant claque des mains.

À mesure que les enfants progressent, faites cet exercice avec des enregistrements d'instruments de musique, des mélodies, des notes de musique soit plus ou moins longues, soit plus ou moins aiguës.

Les jeunes enfants aiment faire de la musique à leur manière, en accompagnant par exemple leurs aînés qui chantent ou jouent des instruments. Vous pouvez les intégrer dans un ensemble en leur faisant fabriquer des maracas remplies de différents ingrédients, pour obtenir une diversité de sons.

Récupérez des boîtes de conserve, des boîtes en carton et des bouteilles en plastique. Les récipients en plastique munis de bouchons à vis sont sans doute les moins dangereux, mais les boîtes de conserve produisent de meilleurs sons.

Introduisez dans ces récipients céréales, pois cassés, haricots secs ou pâtes, sans les remplir entièrement. Secouez-les pour entendre les sons. Vous obtiendrez des sons durs, d'autres plus doux.

Pour improviser une maraca sur-le-champ, prenez un paquet de riz entamé et fermez-le soigneusement avec du Scotch.

Gammes

à partir de 4 ans	
intérieur	✓
nombre d'enfants	illimité
durée	10 minutes ou plus
aide nécessaire	✓
pas salissant	✓

MATÉRIEL

xylophone, magnétophone
- **ou votre voix pour produire des sons**

Ce que l'enfant apprend

Cette sensibilisation à la musique est essentielle pour l'apprentissage du chant et d'un instrument. Ce jeu complète le chant et l'écoute musicale, sans toutefois les remplacer.

Les enfants éprouvent des difficultés à appréhender la signification des termes « aigu » et « grave ». Comme ils mémorisent facilement les gestes, ce jeu peut les aider à déterminer la hauteur des notes.

déroulement de l'activité

Choisissez un instrument et trois ou quatre notes très différentes. Demandez à l'enfant de se placer sur la quatrième marche d'un escalier. Jouez deux notes. Lorsque la seconde est plus aiguë, il doit grimper une marche. Lorsqu'elle est plus grave, il en descend une. Si vous n'avez pas d'escalier, il peut poser ses mains sur la tête pour la note aiguë, sur les genoux pour la note grave.

Vous pouvez ensuite choisir des notes plus rapprochées pour accroître la difficulté, en vous assurant que l'enfant réussit à chaque fois.

Invitez un enfant plus âgé à mimer une suite de trois notes sur les marches de l'escalier. Il y parviendra avec un peu de pratique.

Il était un petit homme...

Il était un petit homme
Pirouette cacahuète
Il était un petit homme
Qui avait une drôl' de maison (bis).

Sa maison est en carton
Pirouette cacahuète
Sa maison est en carton
Les escaliers sont en papier (bis).

Si vous voulez y monter
Pirouette cacahuète
Si vous voulez y monter
Vous vous cass'rez le bout du nez (bis).

Le facteur y est monté
Pirouette cacahuète
Le facteur y est monté
Il s'est cassé le bout du nez (bis).

On lui a raccommodé
Pirouette cacahuète
On lui a raccommodé
Avec du joli fil doré (bis).

Le beau fil il s'est cassé
Pirouette cacahuète
Le beau fil il s'est cassé
Le bout du nez s'est envolé (bis).

Un avion à réaction
Pirouette cacahuète
Un avion à réaction
A rattrapé le bout du nez (bis).

Mon histoire est terminée
Pirouette cacahuète
Mon histoire est terminée
Messieurs mesdames applaudissez (bis).

à partir de 4 ans	
intérieur/extérieur	✓
nombre d'enfants	illimité
durée	10 minutes
aide nécessaire	✓
pas salissant	✓

MATÉRIEL
aucun

Ce que l'enfant apprend

L'enfant pourra facilement participer à cette chanson aux nombreuses répétitions. Elles aident à saisir le rythme de la chanson, aptitude utile pour l'apprentissage de la lecture.

Faisons la ronde

2 à 6 ans	
intérieur/extérieur	✓
nombre d'enfants	au moins 3
durée	10 minutes ou plus
aide nécessaire	✓
pas salissant	✓

MATÉRIEL

- **mouchoir ou autre objet**
- **musique (facultatif)**

Ce que l'enfant apprend

Les rimes des chansons qui accompagnent ces rondes familiarisent les enfants avec les sons qui forment les mots et les notes – apprentissage important pour la lecture et la sensibilisation à la musique.

Les rondes ont des origines très anciennes. Beaucoup sont nées sous la forme de danses codées, d'autres se pratiquaient pour favoriser la fertilité de la terre ou le retour du soleil en été. De telles rondes existent dans toute l'Europe.

déroulement de l'activité

Savez-vous planter les choux ?

Les enfants forment une ronde en se tenant par les mains, et ils commencent à chanter le refrain :

Savez-vous planter les choux
À la mode, à la mode,
Savez-vous planter les choux
À la mode de chez nous ?

Ensuite, les enfants s'arrêtent et chantent un couplet en mimant une action.

On les plante avec les pieds
À la mode, à la mode
On les plante avec les pieds
À la mode de chez nous

Ils reprennent le refrain entre les couplets. Ils choisissent tour à tour la manière de planter les choux : avec les mains, avec les doigts, avec le nez, etc.

Dansons la capucine

Les enfants chantent en faisant la ronde et s'accroupissent au cri « You ! Les petits cailloux ! » Puis ils se relèvent et recommencent. Cette ronde simple fait la joie des plus petits.

Dansons la capucine
Y'a pas de pain chez nous
Y'en a chez la voisine
Mais ce n'est pas pour nous
You ! Les petits cailloux !

On continue ensuite en remplaçant le « pain » par le « vin », puis par le « feu ».

Le facteur n'est pas passé

Les enfants sont assis en cercle, les yeux fermés. Un enfant, le facteur, tourne autour du cercle en sautillant, en tenant un mouchoir (ou n'importe quel autre objet) et en chantant :

> *Le facteur n'est pas passé, il ne passera jamais. Lundi, mardi, mercredi, jeudi…*

Le facteur fait parfois semblant de s'arrêter derrière un enfant et dépose le mouchoir derrière l'un des participants. Lorsqu'il arrive à vendredi, tous les enfants ouvrent les yeux, et regardent si le facteur a déposé le mouchoir dans leur dos. Celui qui l'a doit rattraper le facteur qui s'est mis à courir autour du cercle pour s'asseoir à la place vide. S'il n'y parvient pas, il devient à son tour le facteur.

Chansons à mimer

2 à 4 ans

intérieur/extérieur	✓
nombre d'enfants	illimité
durée	10 minutes ou plus
aide nécessaire	✓
pas salissant	✓

MATÉRIEL
aucun

Ce que l'enfant apprend

L'enfant apprend à mémoriser une suite de gestes associés à des mots et à une mélodie. En exécutant les gestes en accord avec la chanson, il se familiarise avec le rythme. Lorsqu'il parvient à mimer la chanson sans erreurs, il en retire un sentiment de satisfaction et acquiert de la confiance en lui.

Les jeunes enfants mémorisent plus facilement une chanson mimée – s'ils oublient les mots, ils se souviennent des gestes.

déroulement de l'activité

Scions scions du bois

L'enfant et sa mère sont face à face, se tenant par les mains, bras croisés. À « Voilà les morceaux », ils lèvent les bras et exécutent un mouvement rotatif des mains.

Scions scions du bois
Pour la mère à Nicolas
Qu'a cassé ses sabots
En mille morceaux
Voilà les morceaux !

Ainsi font font font...

L'enfant regarde sa mère ou un aîné et exécute les mêmes gestes. Les bras sont à demi pliés et les mains en l'air, tandis que le poignet décrit un mouvement rotatif. Les trois petits tours sont mimés par un rouleau fait avec les bras.

Ainsi font font font
Les petites marionnettes
Ainsi font font font
Trois petits tours
Et puis s'en vont.

Lorsque les marionnettes « s'en vont », les mains se cachent dans le dos.
La chanson continue, et l'adulte mime en fonction des paroles.

Les poings aux côtés
Marionnettes sautez, sautez
Les poings aux côtés
Marionnettes recommencez.

La taille cambrée
Marionnettes marionnettes
La taille cambrée
Marionnettes recommencez.

Puis le front penché
Marionnettes marionnettes
Puis le front penché
Marionnettes saluez.

Dans sa maison un grand cerf

Dans sa maison un grand cerf

GESTUELLE : LES BRAS ET LES MAINS ENCADRENT LA TÊTE ET FIGURENT LE TOIT D'UNE MAISON.

Regardait par la fenêtre

GESTUELLE : LES MAINS EN AVANT AU-DESSUS DES YEUX, TOURNEZ LA TÊTE DE GAUCHE À DROITE EN FAISANT SEMBLANT DE REGARDER PARTOUT.

Un lapin venir à lui

GESTUELLE : AGITEZ L'UNE APRÈS L'AUTRE LES MAINS APPUYÉES EN HAUT DE LA TÊTE POUR MIMER DES OREILLES DE LAPIN EN SUIVANT LE RYTHME DE LA CHANSON

Et frapper chez lui.

GESTUELLE : MAIN FERMÉE, INDEX PLIÉ EN AVANT, FAITES SEMBLANT DE FRAPPER À UNE PORTE.

Cerf, cerf, ouvre-moi

GESTUELLE : LES DEUX MAINS ENTOURENT LA BOUCHE, COMME POUR APPELER QUELQU'UN AU LOIN.

Ou le chasseur me tuera

GESTUELLE : MIMEZ UN FUSIL AVEC LE BRAS EN BATTANT LE RYTHME

Lapin lapin entre et viens

GESTUELLE : LES DEUX MAINS S'INCLINENT ALTERNATIVEMENT VERS LE VISAGE, EN SUIVANT LE RYTHME DE LA CHANSON.

Me serrer la main.

GESTUELLE : LES DEUX CHANTEURS SE SERRENT LA MAIN

Bocaux musicaux

à partir de 4 ans	
intérieur	✓
nombre d'enfants	illimité
durée	30 minutes à 1 heure
aide nécessaire	✓
pas salissant	sauf si un bocal se renverse

MATÉRIEL

- **8 verres ou bocaux en verre**
- **eau**
- **cuillère en bois ou bâtonnet**

Ce que l'enfant apprend

L'enfant apprend à être autonome, à écouter des sons et à établir des séquences, du grave à l'aigu. Cette activité offre à l'enfant la possibilité de jouer de la musique.

Cette activité simple permet à l'enfant de produire différents sons. Avec une bonne oreille, vous pourrez accorder les bocaux sur la gamme.

déroulement de l'activité

Prenez huit verres ou bocaux en verre et remplissez-les d'eau à différents niveaux.

Si vous pouvez, accordez-les à l'aide d'un instrument de musique. Sinon, faites en sorte qu'ils produisent tous un son différent.

L'enfant doit taper sur les verres ou bocaux avec une cuillère en bois ou un bâtonnet, en essayant de jouer une petite mélodie.

Pour les plus jeunes, contentez-vous de remplir des verres ou des bocaux avec différentes quantités de liquide, et laissez-les taper dessus avec un bâtonnet.

À cheval sur mon bidet

Les jeunes enfants adorent jouer au cheval sur les genoux des adultes. Les chansons qui accompagnent ce jeu leur sont très familières, car ils les entendent depuis leur plus jeune âge. Elles se déroulent généralement en deux temps : la chevauchée – parfois à des vitesses variables –, et la chute finale.

2 ans	
intérieur	✓
nombre d'enfants	1
durée	10 minutes ou plus
aide nécessaire	✓
pas salissant	✓

MATÉRIEL

aucun

déroulement de l'activité

Asseyez l'enfant sur vos genoux et faites-lui faire du cheval à un rythme régulier en chantant. Laissez-le tomber en écartant les genoux et en le retenant.

À Paris
Sur un cheval gris,
À Nevers
Sur un cheval vert,
À Issoire
Sur un cheval noir
Ah ! qu'il est beau ! qu'il est beau ! (bis)
Tiou !

Proposez le même jeu à l'enfant avec un changement de rythme :

À cheval sur mon bidet
Quand il trotte
Il lâche un pet
Prout prout cadet !

À cheval sur les genoux
De mon papa
Au pas au pas
Dans la pampa !

À cheval sur les genoux
De mon papa
Au petit trot
dans les bois !

À cheval sur les genoux
De mon papa
Au grand galop
Plouf ! Dans l'eau !

Ce que l'enfant apprend

Ce jeu est un excellent moyen de faire écouter les rimes d'une chanson à un enfant. Il le familiarise aussi avec les sons qui forment les mots, entraînement utile pour l'apprentissage de la lecture et de l'orthographe.

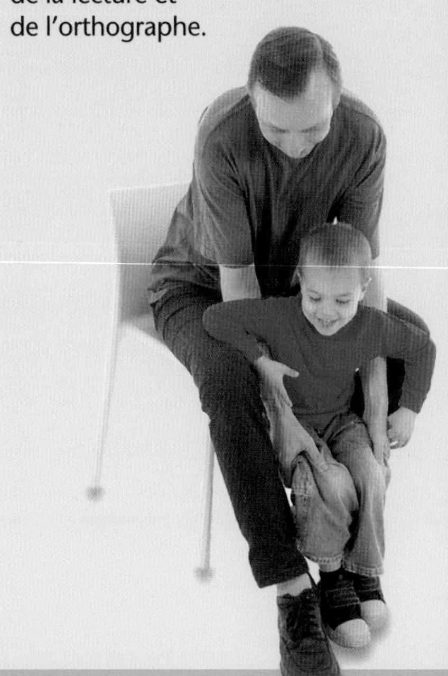

Jeux de mains

2 à 6 ans	
intérieur/extérieur	✓
nombre d'enfants	2, ou 1 adulte et 1 enfant
durée	10 minutes ou plus
aide nécessaire	pour les plus jeunes
pas salissant	✓

MATÉRIEL

aucun

Ce que l'enfant apprend

Les jeux de main, comme les claquements, sont excellents pour acquérir le rythme. Ils améliorent aussi la dextérité.

Les jeux de mains permettent de souligner le rythme de la chanson. Vous trouverez ci-dessous des chansons pour tous les âges et tous les niveaux.

déroulement de l'activité

Pomme de reinette et pomme d'api

En chantant, l'enfant tape ses deux poings l'un sur l'autre pour marquer le rythme. Les enfants plus âgés peuvent changer les poings de place, du dessus en dessous et inversement.

Pomme de reinette et pomme d'api
D'api d'api rouge
Pomme de reinette et pomme d'api
D'api d'api gris.

J'aime la galette

Les enfants claquent des mains en rythme sur « Tra la la… », à la fin de la chanson.

J'aime la galette
Savez-vous comment ?
Quand elle est bien faite
Avec du beurre dedans.
Tra la la la la la la lère
Tra la la la la la la la.

Jean Petit qui danse

Dans cette chanson, les enfants forment un cercle en se tenant par la main. Le meneur du jeu se trouve au centre. Les enfants tapent dans les mains pour marquer le rythme à la fin de chaque séquence.

LE MENEUR CHANTE, PUIS LES ENFANTS REPRENNENT APRÈS LUI :
Jean Petit qui danse (bis)
De sa tête il danse (bis)

TOUS ENSEMBLE, ILS TOURNENT SUR EUX-MÊMES EN AGITANT LA TÊTE ET EN TAPANT DANS LEURS MAINS :
De sa tête tête tête (bis)
Ainsi danse Jean Petit.

Continuez la chanson en remplaçant la tête par les différentes parties du corps, de haut en bas. Les enfants

tapent dans leurs mains en tournant à la fin de chaque séquence.

J'ai un pied qui remue...

Les enfants chantent en cercle, en bougeant les différentes parties du corps. Ils tapent dans leurs mains pour marquer le rythme à la fin de chaque séquence, en chantant « Tra la la... »

J'ai un pied qui remue

GESTUELLE : AGITEZ UN PIED AVEC DES MOUVEMENTS CIRCULAIRES.

Et l'autre qui ne va guère.

GESTUELLE : FAITES TRAVAILLER LA CHEVILLE SANS BOUGER LA JAMBE.

J'ai un pied qui remue
Et l'autre qui ne ne va plus

GESTUELLE : CHANGEZ DE PIED.

Tra la la la lère
Tra la la la la la la (bis)

GESTUELLE : LES ENFANTS TOURNENT TOUS SEULS OU DEUX PAR DEUX.

La chanson continue avec les différentes parties du corps : main, bras, jambe, etc.

En rythme !

2 à 6 ans	
intérieur/extérieur	✓
nombre d'enfants	illimité
durée	10 minutes à 1 heure
aide nécessaire	✓
pas salissant	✓

MATÉRIEL

- **tambours ou objets de remplacement tels que boîtes à biscuits, casseroles**
- **baguettes de tambour ou bâtonnets**

Ce que l'enfant apprend

L'enfant prend conscience du rythme. Il apprend à interpréter comme de la musique la plupart des sons qu'il entend autour de lui, à identifier le rythme de la musique conventionnelle et des sons de son environnement quotidien. Il acquiert une compréhension élargie de la notion de musique.

Notre environnement est rempli de rythmes – du tic-tac du réveil au bruit du train et du lave-vaisselle. Invitez l'enfant à prendre conscience de ces rythmes, et achetez-lui ou fabriquez-lui un tambour pour qu'il s'entraîne à produire lui-même des rythmes.

déroulement de l'activité

PRISE DE CONSCIENCE

Invitez l'enfant à écouter des rythmes. Faites-lui entendre le bruit du train, du métro ou des voitures dans la rue, celui du lave-linge qui rince ou qui essore, le déferlement des vagues sur la plage ou le gazouillis des oiseaux.

Marquez les rythmes que vous entendez ensemble, en tapant des mains, des pieds, ou en prononçant « tic-tac » pour le réveil ou « glou-glou » pour la baignoire qui se vide de son eau.

Posez sa main sur le lave-linge, pour qu'il sente le rythme des vibrations pendant la phase d'essorage.

Lorsque l'enfant est assis sur vos genoux, tapotez sur son dos au rythme de la musique, ou faites-le sauter sur vos genoux en tapant du pied.

MISE EN PRATIQUE

Achetez un tambour dans un magasin de jouets, de préférence un modèle africain, au son plus agréable.

Invitez l'enfant à caresser la peau du tambour avec ses mains, à taper dessus avec le poing ou le bout des doigts. Proposez-lui de frapper sur le tambour avec des baguettes rembourrées ou non, à frotter la peau avec un pinceau rigide.

Vous pouvez improviser des tambours avec une boîte à biscuits, une casserole et un moule à gâteau, et comparer les sons qu'ils produisent.

Si l'enfant éprouve des difficultés avec un tambour, remplacez-le par un tambourin. Il pourra taper dessus et le secouer, sans produire toutefois des sons aussi puissants.

Proposez à l'enfant d'accompagner avec l'instrument une musique bien rythmée, comme les airs de rock des années 1960.

Pop stars

Les chansons pop étant souvent très rythmées et comptant peu de notes, les jeunes enfants peuvent les accompagner facilement en chantant et en dansant. Ils apprennent ainsi à bouger sur la musique, à reproduire le rythme d'une chanson dans leurs mouvements.

Invitez l'enfant à jouer entièrement le jeu en l'habillant dans une tenue appropriée et en utilisant un micro (par exemple une cuillère en bois).

Allumez la musique, laissez l'enfant chanter et danser. S'il prend plaisir à ce jeu, offrez-lui un kit de karaoké.

Promenade sonore

à partir de 3-4 ans	
extérieur	✓
nombre d'enfants	illimité
durée	30 minutes ou plus
aide nécessaire	✓
pas salissant	✓

MATÉRIEL
aucun

Ce que l'enfant apprend

L'enfant apprend à observer, en étant attentif aux détails, à être calme et réfléchi. Cette activité lui permet de partager ses expériences avec ceux qui l'accompagnent.

En ville, nous sommes tellement habitués à faire abstraction des bruits qui nous entourent que nous les remarquons à peine. Cette promenade placée sous le signe de l'écoute calmera votre enfant lorsqu'il est agité.

déroulement de l'activité

Dirigez-vous vers le parc le plus proche de chez vous en vous promenant tranquillement. Écoutez les bruits de la circulation et tous les autres : celui des avions, du marteau-piqueur, ceux du marché, la musique qui s'échappe par une fenêtre.

Arrivés dans le parc, écoutez de nouveau : les cris des enfants qui jouent ou des canards sur le lac, la tondeuse du jardinier, le chant des oiseaux, le bruissement des feuilles mortes sous les pieds, le sifflement du vent dans les arbres.

Concentrez-vous ensuite sur les bruits que vous percevez au loin dans les rues. Essayez de trouver dans le parc un endroit où ils sont moins perceptibles. Où vous ne les entendez plus. Sachez qu'une colline ou une construction peuvent faire écran au bruit.

Invitez l'enfant à produire ses propres sons dans la rue et dans le parc : sauter sur les plaques d'égout, glisser un bâton sur les barreaux d'une grille en fer, secouer la branche d'un arbre, lancer un caillou dans l'eau du lac, etc.

Loto musical

Ce jeu sollicite une écoute attentive. Vous pouvez le proposer à un groupe d'enfants ou à un seul enfant – il allumera et éteindra lui-même le magnétophone entre les sons.

à partir de 3-4 ans	
intérieur	✓
nombre d'enfants	1 à 4
durée	20 minutes ou plus
aide nécessaire	✓
pas salissant	✓

MATÉRIEL

- **cartes d'animaux ou d'objets**
- **magnétophone**

déroulement de l'activité

Regroupez des cartes d'animaux ou d'objets qui produisent des bruits, tels que machines, voitures ou instruments de musique. Enregistrez avec un magnétophone les bruits produits par les objets ou animaux figurant sur les cartes.

Donnez six cartes différentes à chaque enfant. En commençant à n'importe quel endroit de l'enregistrement, invitez les enfants à écouter les bruits.

Lorsqu'un enfant associe un bruit à l'une de ses cartes, il doit la retourner.

Le premier enfant à avoir retourné toutes ses cartes est le gagnant.

Lorsqu'un enfant joue seul, donnez-lui au moins six cartes, et laissez-le allumer et éteindre le magnétophone.

Commencez par des sons de l'environnement quotidien, puis essayez avec des instruments de musique : tambour, cymbales, piano, violon, trompette et flûte, par exemple.

Ce que l'enfant apprend

Il apprend à reconnaître les sons, à prêter attention à leurs propriétés mélodiques et rythmiques.

Je danse sur tes pieds

à partir de 3-4 ans	
intérieur	✓
nombre d'enfants	1 par adulte
durée	10 minutes ou plus
aide nécessaire	✓
pas salissant	✓

MATÉRIEL
- musique

Ce que l'enfant apprend

Il apprend à réfléchir à ses mouvements, à imiter ceux de quelqu'un d'autre. En progressant, il bouge en rythme avec les mouvements de l'autre.

Petit, je partageais ce jeu avec mon grand-père, et je me souviens encore de la joie que j'éprouvais à chaque fois. Dans les rires et la bonne humeur, l'enfant suit les mouvements de l'autre et s'y adapte, aptitude essentielle pour danser.

déroulement de l'activité

Choisissez un air de musique assez lent.

L'enfant retire ses chaussures, pose un pied sur chacun des vôtres, et vous le tenez par les mains.

En théorie, vous dansez ensuite. En pratique, il faudra sans doute un peu de temps avant que vous réussissiez à bouger ensemble. Commencez par avancer et reculer dans une seule direction, puis essayez de faire des pas sur le côté.

Si l'enfant a trop de difficultés, prenez-le dans vos bras et dansez simplement avec lui.

La ronde des animaux

à partir de 3-4 ans	
intérieur	✓
nombre d'enfants	illimité
durée	10 minutes ou plus
aide nécessaire	✓
pas salissant	✓

MATÉRIEL

- **musique**

Ce que l'enfant apprend

L'enfant prend conscience de son corps et de la manière dont les autres interprètent ses mouvements, en essayant de reproduire ceux d'animaux qui se déplacent. Cet exercice constitue une étape essentielle dans l'interprétation du son musical par le mouvement.

Pour danser, nous devons prendre conscience de notre corps, mais aussi pouvoir exprimer le rythme et l'atmosphère de la musique. Ce jeu simple et amusant aide les enfants à appréhender la manière dont ils bougent.

déroulement de l'activité

Invitez l'enfant à bouger en imitant le déplacement de certains animaux : sauter comme une grenouille ou un lapin, se tapir comme un chat, ramper comme un serpent, glisser comme un cygne, marcher en canard…

N'importe quel mouvement exécuté en musique, fidèle à la réalité ou exagéré, conviendra pour ce jeu.

Suivons le chef

à partir de 3-4 ans	
intérieur/extérieur	✓
nombre d'enfants	illimité
durée	10 minutes ou plus
aide nécessaire	✓
pas salissant	✓

MATÉRIEL

- **stylo et papier pour transcrire le rythme**

Ce que l'enfant apprend

L'enfant apprend à imiter des gestes ou des mouvements ; pour lui, le meilleur apprentissage passe par l'action.

En faisant de la musique, l'enfant développe d'abord l'écoute, puis la capacité d'identifier, et enfin de répéter. Une fois qu'il sait écouter, il est prêt à commencer à jouer avec son premier instrument de musique : son corps. Il peut utiliser différents rythmes et imiter divers schémas.

déroulement de l'activité

Montrez-lui comment il peut créer des rythmes avec son corps. Il peut taper des mains ou des pieds, faire claquer ses doigts ou sa langue, cogner ses chaussures l'une contre l'autre, taper sur ses cuisses ou sur ses joues gonflées.

Commencez par créer un rythme avec l'un de ces sons et invitez-le à vous imiter. Le rythme doit être simple et régulier au départ, formé de courtes séquences, avant de mélanger les temps courts et longs.

Lorsque l'enfant sait imiter un rythme avec une partie de son corps, il peut commencer à mélanger les rythmes : il peut cogner deux fois ses pieds et claquer une fois ses mains, ou claquer deux fois ses mains et frapper une fois sur sa cuisse.

Invitez l'enfant à rythmer par des claquements de mains les chansons qu'il connaît bien.

Vers l'âge de 4 ans, l'enfant est capable de « lire » un rythme que vous avez transcrit pour lui : utilisez un trait long pour un temps long, un court pour un temps bref.

Je fais le tour de la maison
Cette comptine est idéale pour un temps de repos. Récitez-la et mimez-la devant l'enfant qui essaiera de vous imiter.

Je fais le tour de la maison
GESTUELLE : FAITES LE TOUR DU VISAGE EN FRÔLANT L'INDEX CONTRE LE FRONT, LES JOUES, LE MENTON.

Je ferme les volets.
GESTUELLE : BAISSEZ LES PAUPIÈRES.

Je ferme la porte.
GESTUELLE : POSEZ L'INDEX SUR LA BOUCHE.

Et je tourne la clef.
GESTUELLE : RÉUNISSEZ LE POUCE, L'INDEX, LE MAJEUR, ET TOURNEZ DOUCEMENT LA MAIN.

Mots et nombres

Comptines à compter

à partir de 3-4 ans	
intérieur	✓
nombre d'enfants	illimité
durée	10 minutes ou plus
aide nécessaire	✓
pas salissant	✓

MATÉRIEL
aucun

Ce que l'enfant apprend

L'enfant apprend à compter et il commence à appréhender la signification des chiffres. Il comprend par exemple que deux équivaut à un plus un, que neuf équivaut à dix moins un. Les rimes l'aident à mémoriser la suite des chiffres. Elles constituent aussi un excellent entraînement à la lecture et à l'orthographe. en permettant à l'enfant de noter les similitudes entre les sons qui forment les mots.

Apprendre à compter constitue la première étape pour appréhender la signification des chiffres. Lorsque les enfants commencent à compter, les chiffres sont pour eux des rimes parmi d'autres. S'ils comprennent la signification de 1-2-3, il n'en est pas de même pour 6-7-8. Lorsque l'enfant connaît la séquence 1-2-3-4-5-6-7-8-9-10, il commence à saisir la signification des chiffres. Ajouter, soustraire, montrer du doigt en comptant renforce cette compétence. Les jeunes enfants ont tendance à mélanger les chiffres, et ils ont besoin de beaucoup d'entraînement.

déroulement de l'activité

Choisissez des moments de tranquillité pour réciter les comptines aux enfants. Invitez-les à participer en comptant les chiffres sur les doigts de leurs mains ou de leurs pieds, éventuellement à mimer l'action des comptines, si elles en contiennent.

Une, c'est pour toi la prune
Deux, c'est pour toi les œufs
Trois, c'est pour toi la noix
Quatre, c'est pour toi la claque.

Une deux trois
Il y avait sur le toit
Quatre cinq six
Une poulette en chemise
Sept huit neuf
Qui pondait des œufs.

Un deux trois
Monsieur Charabia
Quatre cinq six
Chasse la saucisse
Sept huit neuf
En faisant teuf teuf!

Un deux trois
Nous irons au bois
Quatre cinq six
Cueillir des cerises

Sept huit neuf
Dans mon panier neuf
Dix onze douze
Elles seront toutes rouges.

Un deux trois
Les petits soldats
Quatre cinq six
Font de l'exercice
Sept huit neuf
Ils font la manœuvre
Dix onze douze
Ont le nez tout rouge.

Henri premier
Lève le pied
Henri deux
Lève la queue
Henri trois
Lève le doigt
Henri quatre
Lève la patte
Henri cinq
Lève la main
Henri six
Lève la cuisse.

Et pour s'initier au calcul :

Un et un deux
Un lapin sans queue
Deux et deux quatre
Un lapin sans pattes.

Jour de lessive

à partir de 3-4 ans	
intérieur	✓
nombre d'enfants	illimité
durée	10 minutes ou plus
aide nécessaire	au départ
pas salissant	✓

MATÉRIEL

- sac de linge sale
- corbeille de linge propre

Ce que l'enfant apprend

L'enfant apprend à trier les objets, à comprendre qu'il peut effectuer le tri de différentes manières, et à participer aux tâches ménagères.

Pour appréhender la signification des chiffres, les enfants doivent comprendre la finalité de compter, ce qui est très complexe pour eux. S'il est facile de montrer un arbre du doigt en prononçant son nom, il est impossible de procéder de même avec « trois », par exemple. Pour comprendre la signification de « trois », les enfants doivent saisir ce qu'il y a de commun à trois chats et à trois théières. La première étape consiste à apprendre à répartir les objets en groupes.

déroulement de l'activité

Séparez le blanc des couleurs dans le linge sale.

Séparez la laine, le coton et les matières synthétiques dans le linge sale. Un enfant de 3 ans aura des difficultés, mais un enfant de 4 ans devrait y parvenir en suivant votre exemple.

Dans le linge propre, séparez les vêtements du linge de table et de toilette.

Dans le linge propre, séparez les vêtements de maman de ceux de papa et de l'enfant.

Au tri !

Dans ce jeu, l'enfant doit rassembler des objets qu'il rangera dans plusieurs sacs ou boîtes. Il peut trier selon la couleur, la taille, la forme ou le propriétaire des objets. C'est aussi un bon moment pour mettre de l'ordre dans sa chambre.

à partir de 3-4 ans	
intérieur/extérieur	✓
nombre d'enfants	illimité
durée	10 minutes ou plus
aide nécessaire	✓
pas salissant	✓

MATÉRIEL

- **2 sacs, boîtes, seaux ou cartons (ou davantage)**
- **objets récupérés dans la maison, dans le jardin ou parmi les jouets**
- **boutons et pièces de monnaie (pour jouer dans la voiture)**

déroulement de l'activité

Donnez à l'enfant une grande boîte et une petite pour qu'il trie les objets selon leur taille. Procurez-lui deux sacs munis d'une étiquette de couleur pour qu'il les trie selon leur couleur.

Pour commencer l'activité, demandez à l'enfant de rassembler dans la maison des objets qu'il déposera dans les boîtes et les sacs. Vous devrez probablement superviser cette activité, en fixant des règles – par exemple, ne pas prendre les objets fragiles et éviter le désordre dans les penderies.

Dans le jardin, laissez l'enfant trier les fleurs par couleurs, si vous voulez bien qu'il les cueille.

Dans la voiture, donnez-lui un sac portant une image de bus, un autre avec une image de camion. Il devra glisser un bouton ou une pièce de monnaie dans celui qui convient chaque fois qu'il aperçoit un bus ou un camion.

Enfin, invitez l'enfant à compter les objets.

Ce que l'enfant apprend

L'enfant apprend à trier en catégories, à comprendre que les objets peuvent être regroupés de diverses manières. Il s'entraîne à compter.

L'alphabet en rimes

4-5 ans	
intérieur	✓
nombre d'enfants	illimité
durée	10 minutes ou plus
aide nécessaire	✓
pas salissant	✓

MATÉRIEL
aucun

Ce que l'enfant apprend

Ces rimes favorisent l'apprentissage des lettres, essentiel pour l'écriture et l'orthographe. Beaucoup d'entraînement est nécessaire.

Il est beaucoup plus difficile d'apprendre l'alphabet que d'apprendre à compter jusqu'à dix, car les lettres sont nombreuses, et les possibilités d'erreurs aussi. L'enfant a besoin d'un grand entraînement.

déroulement de l'activité

Amusez-vous à réciter les deux comptines suivantes avec votre enfant.

Pour colorier
A B C D
Il faut des gouaches
E F G H
Des aquarelles
I J K L
M N O
Des pinceaux
P Q R
De l'eau claire
S T U
Un tissu
V W
Pour effacer
Les taches faites
Sur la moquette
X Y Z

À l'école de la forêt, on récite l'alphabet
La souris lance les dés
A B C D
Le chat frise ses moustaches
E F G H
La grenouille grimpe
à l'échelle
I J K L
Le pivert commence à taper
M N O P
La cigale préfère chanter
Q R S T
Le perroquet vient d'arriver
U V W
Tous répètent
sans qu'on les aide
X Y Z

Liste maligne

Les premières tentatives de l'enfant pour écrire coïncident à peu près avec celles pour dessiner. Encouragez-le en désignant par le terme d'« écriture » les petites lignes de gribouillis qu'il trace.

à partir de 3-4 ans	
intérieur	✓
nombre d'enfants	illimité
durée	10 à 30 minutes
aide nécessaire	✓
pas salissant	✓

MATÉRIEL
- papier
- crayon ou stylo

déroulement de l'activité

Lorsque vous dressez une liste de courses, donnez à votre enfant un stylo et une feuille de papier avec des lignes pour qu'il puisse vous imiter. Il n'est pas nécessaire qu'il écrive « véritablement », de même que ses premiers dessins n'ont pas besoin d'être « véritablement » figuratifs. Incitez-le à tracer des lignes de gribouillis; elles deviendront bientôt des lignes d'écriture.

Observez ses gribouillis et repérez les lettres qu'il a formées par hasard: « Regarde, ici, tu as écrit un *n.* » La fois suivante, il cherchera lui-même le *n*. Puis il essaiera de l'écrire délibérément.

Avec des encouragements, il commencera peu à peu à écrire. Surtout, laissez-le évoluer à son rythme. Complimentez-le pour les lettres qu'il réussit à former, mais ne sous-estimez pas ses gribouillages. Si vous lui témoignez de la confiance, il progressera rapidement avec l'écriture.

Ce que l'enfant apprend

L'enfant découvre que l'écriture est utile et qu'il peut la maîtriser. Il apprend à reconnaître les lettres, puis à les reproduire.

Plaques d'immatriculation

à partir de 3 ans	
extérieur	✓
nombre d'enfants	illimité
durée	le temps de vous rendre à pied où vous voulez
aide nécessaire	✓
pas salissant	✓

MATÉRIEL

- voitures garées

Ce que l'enfant apprend

L'enfant apprend à reconnaître les lettres et les chiffres, à être observateur et à prendre conscience des nombreux contextes dans lesquels figurent les lettres et les chiffres. Il s'initie par ailleurs au calcul mental.

Idéal pendant les promenades, ce jeu peut être conçu de diverses manières selon l'âge et les capacités de l'enfant. Sous sa forme la plus simple, il consiste à repérer les lettres ou les chiffres sur les plaques d'immatriculation. Dans une version plus compliquée, vous lisez les lettres les unes après les autres et vous vous amusez à former des mots avec. Pour éviter toute discussion sur ce que vous avez vu et pour simplifier le jeu, limitez-le aux voitures garées.

déroulement de l'activité

En marchant dans la rue, regardez les plaques d'immatriculation des voitures garées, repérez les lettres et les chiffres. Avec les jeunes enfants, commencez par les lettres qu'ils connaissent ou celles qui sont le plus faciles à identifier, comme le S dont la forme rappelle celle d'un serpent.

Cherchez les chiffres de 1 à 9.

Invitez l'enfant à trouver l'initiale de son nom, ou son âge.

Montrez aux jeunes enfants comment utiliser leurs doigts pour compter et demandez-leur de choisir un chiffre inférieur à 10. Ils peuvent ensuite le compter sur leurs doigts et le chercher sur une plaque.

Invitez les plus grands à additionner les chiffres des plaques d'immatriculation et à en trouver une qui totalise le nombre 10, par exemple.

Incitez-les à former des mots en agençant différemment les lettres des plaques d'immatriculation.

Faire les courses

Vous passerez sans doute davantage de temps à faire les courses si vous les transformez en un jeu avec les enfants. Mais vous éviterez ainsi les crises de colère, les pleurnicheries, et les courses ne seront plus une corvée ni pour vous ni pour votre enfant.

à partir de 3-4 ans	
extérieur	✓
nombre d'enfants	illimité
durée	10 minutes ou plus
aide nécessaire	✓
pas salissant	✓

MATÉRIEL
aucun

Ce que l'enfant apprend

L'enfant apprend à observer, à reconnaître les lettres, les mots et les chiffres, et à prendre conscience des nombreux contextes dans lesquels ils apparaissent.

déroulement de l'activité

En chemin, repérez les initiales de l'enfant sur les noms des rues, sur les enseignes des boutiques, sur les publicités. Cherchez son âge sur les numéros des immeubles, des bus et les plaques d'immatriculation.

Au supermarché, laissez l'enfant trouver les aliments qu'il aime. Invitez-le de nouveau à repérer ses initiales sur les boîtes et les emballages.

Comptez le nombre de caisses ouvertes et le nombre de personnes dans les queues.

Jardin malin

Ce jeu de rimes simple est idéal pour remplir les moments vides. Il consiste à trouver une rime pour un mot; moins l'association a de sens, plus c'est amusant.

Invitez l'enfant à trouver des rimes pour ses activités quotidiennes: cours dans la cour, jardin malin, bobo rigolo, etc.

Choisissez des catégories d'objets tels que des aliments ou des vêtements, et trouvez des rimes: haricots cocos, du pain et du vin, le riz de la souris, beau chapeau, gant méchant, etc.

Jeux de calcul

à partir de 3-4 ans	
extérieur	✓
nombre d'enfants	illimité
durée	10 minutes ou plus
aide nécessaire	✓
pas salissant	✓

MATÉRIEL
aucun

Ce que l'enfant apprend

Ces petits jeux familiarisent l'enfant avec les chiffres – excellent entraînement au calcul.
La maîtrise des chiffres et de leur signification nécessite beaucoup de pratique. Le calcul est logique et rationnel, pas obligatoirement difficile.
Nos échecs en calcul sont généralement dus à un manque de confiance en nous.

Lorsqu'un enfant sait compter, les possibilités d'entraînement au calcul sont infinies. Vous trouverez ci-dessous quelques suggestions, que vous pourrez facilement compléter par les vôtres.

déroulement de l'activité

Combien de personnes attendent à l'arrêt du bus ?

Combien d'enfants y a-t-il dans le bus ?

Combien voyez-vous d'arbres en fleurs dans le parc ?

Combien faut-il de pièces de monnaie pour acheter une glace ou un paquet de bonbons ?

Combien de pas mesure le mur, combien en faut-il pour atteindre la boîte à lettres ?

Combien d'enfants jouent au toboggan, combien s'amusent à sauter du mur ?

Premier cahier

3 à 6 ans	
intérieur	✓
nombre d'enfants	illimité
durée	peut s'étaler sur plusieurs jours
aide nécessaire	✓
salissant	✓

MATÉRIEL

- cahier de bonne qualité (vérifiez qu'il est suffisamment solide ; un cahier à spirale est plus pratique)
- vieux journaux, magazines et catalogues de vente par correspondance
- ciseaux
- colle et pinceau
- stylos-feutres

Les librairies pour enfants proposent de nombreux manuels pour apprendre l'alphabet et les chiffres, mais il est beaucoup plus amusant d'en fabriquer un soi-même. En outre, l'apprentissage sera plus efficace si l'enfant s'implique dans sa réalisation.

déroulement de l'activité

Prenez une ou deux pages pour chaque lettre et laissez l'enfant trouver des illustrations appropriées pour chaque lettre (il doit choisir des objets commençant par la lettre concernée). Laissez-le coller ses trouvailles à sa guise.

Faites de même pour les chiffres.Pour les plus grands, prévoyez des doubles pages, et invitez l'enfant à choisir des objets qu'il trouvera en quantités suffisantes, par exemple des fleurs dans des catalogues de jardinage.

Ce que l'enfant apprend

L'enfant se familiarise avec l'alphabet et les sons des lettres qu'il apprend à entendre au début des mots; ainsi qu'avec les chiffres. Cette activité développe la coordination œil-main, la capacité d'organisation et de concentration pour mener à bien une tâche. C'est un excellent entraînement pour l'école.

Le goûter des ours

3 à 6 ans	
intérieur/extérieur	✓
nombre d'enfants	illimité
durée	1 à 2 heures
aide nécessaire	pour les jeunes enfants
peu salissant	✓

MATÉRIEL

- ours en peluche, poupées
- table basse et nappe
- rouleau d'essuie-tout, papier et carton
- stylos-feutres, crayons à papier
- service à thé pour poupées (ou vieilles tasses et assiettes), couverts
- gâteaux, comestibles ou en pâte à sel

Ce que l'enfant apprend

L'enfant apprend à trier et à associer, à mener à bien une activité du début jusqu'à la fin. Ce jeu est un exercice de mémoire, de réflexion et d'organisation.

Mettre la table est un exercice de tri plus complexe que celui par couleurs ou par tailles de la page 47. Chaque participant reçoit un exemplaire de chaque objet : une tasse, une assiette, un couteau, une fourchette, une cuillère.

déroulement de l'activité

Prenez une table basse et recouvrez-la, ou posez une nappe par terre pour improviser un pique-nique.

Invitez l'enfant à asseoir trois ou quatre ours ou poupées autour de la table, en prévoyant des bavoirs pour les plus « jeunes » (un morceau d'essuie-tout fait parfaitement l'affaire).

L'enfant peut découper des sets de table dans du carton et les décorer avec des feutres de couleur, et fabriquer des ronds de serviettes avec le tube en carton du rouleau d'essuie-tout. Il peut écrire le nom des participants sur des étiquettes, avec de vraies lettres ou des imitations.

L'enfant met ensuite la table en disposant à la place de chacun un set, un rond de serviette, l'étiquette portant le nom, la vaisselle.

Il fait semblant de remplir les tasses de thé et distribue à chacun des gâteaux.

Il peut aussi leur proposer des petites tartines ou de vrais muffins (voir page 64), qu'il présentera dans des moules en papier achetés au supermarché.

Apprendre à mesurer

4 à 6 ans	
intérieur/extérieur	✓
nombre d'enfants	illimité
durée	10 minutes à une demi-journée
aide nécessaire	au départ
pas salissant	✓

MATÉRIEL

- **mètre ruban de couturière**
- **mètre en métal**
- **règle**
- **panneau mural et crayon**

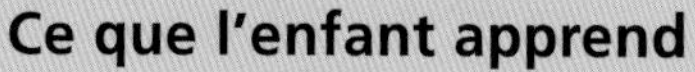

Ce que l'enfant apprend

L'enfant se familiarise avec les chiffres et apprend à travailler avec. Il découvre leur valeur – il comprend par exemple que six est bien supérieur à deux, mais un peu plus grand que cinq.

Un enfant peut trouver du plaisir à prendre des mesures – la largeur d'un livre, la longueur de sa chaussure, le nombre de mètres jusqu'à la porte de la maison. Cette activité simple l'entraîne à travailler avec les chiffres, à les lire, à dire leur nom, à appréhender leur signification.

déroulement de l'activité

Donnez à l'enfant un mètre ruban, un mètre en métal, une règle, et montrez-lui comment les utiliser. Invitez-le à mesurer ce qu'il veut : la largeur des allées du jardin, la circonférence des arbres, la longueur de son lit, etc.

Fabriquez un panneau mural et indiquez dessus sa taille par une marque. Ajoutez la date. Procédez de même tous les mois. L'enfant verra ainsi qu'il grandit.

Montrez-lui comment mesurer avec de grands pas, avec les bras tendus ou avec les mains. Ces exercices l'entraîneront au calcul.

Peser le riz

Cet exercice peut prendre une forme simple ou plus compliquée, selon l'âge de l'enfant. Les plus grands s'amuseront à remplir une fiche de travail. Dressez la liste des tâches à effectuer et laissez de la place pour la réponse de l'enfant. Il peut écrire la réponse, dessiner des points ou des lignes, coller une vignette indiquant qu'il a accompli la tâche demandée.

déroulement de l'activité

Combien pèse une tasse pleine de riz ?

Une tasse de riz à grains longs pèse-t-elle autant qu'une tasse de riz à grains ronds ?

Combien de tasses sont nécessaires pour remplir un saladier ?

Combien de cuillerées de riz sont nécessaires pour remplir un coquetier ?

à partir de 3 ans	
intérieur/extérieur	✓
nombre d'enfants	1 à 3
durée	30 minutes à 1 heure
aide nécessaire	✓
un peu de désordre	✓

MATÉRIEL

- **riz (au moins 2 espèces : à grains longs et ronds, par exemple)**
- **balance (de préférence avec 2 plateaux et des poids)**
- **verre doseur et cuillères mesures**
- **cruches, tasses, saladiers, coquetiers**
- **papier et crayons**
- **gommettes (facultatif)**

Ce que l'enfant apprend

L'enfant se familiarise avec de nombreuses notions de mathématiques – volume, poids, chiffres. Il découvre qu'un objet (le riz) peut prendre une nouvelle forme tout en gardant le même poids ou le même volume. Toutes ces notions sont complexes pour un jeune enfant.

Chez le pédiatre

4 à 6 ans	
intérieur	✓
nombre d'enfants	illimité
durée	1 heure à une demi-journée
aide nécessaire	✓
pas salissant	✓

MATÉRIEL

- fiches et stylos
- balance de cuisine, de préférence avec des poids
- mètre en métal ou règle (avec des chiffres faciles à lire)
- poupées et peluches
- trousse de médecin (facultatif)

Ce que l'enfant apprend

L'enfant apprend à peser et à mesurer. Il découvre des notions – grand et petit, lourd et léger. Il apprend à établir des échelles de valeurs – de la peluche ou la poupée la plus lourde à la plus légère – à mener une activité du début jusqu'à la fin. À planifier, mémoriser, organiser.

Avec ce jeu simple, l'enfant s'entraîne à peser et à mesurer, à assortir des objets. Il se met en scène dans une activité d'adulte en jouant le rôle du médecin avec ses poupées et ses ours,devenus ses patients. En parlant avec eux, il développe son langage.

déroulement de l'activité

Avant de commencer le jeu, l'enfant peut établir une fiche pour chaque patient. Elle portera son nom, et permettra de noter son poids, sa taille, ainsi que tout autre commentaire. Vous pouvez réaliser cette tâche sur l'ordinateur avec votre enfant.

Aménagez ensuite le cabinet du pédiatre. Prévoyez une balance pour peser les bébés – de préférence avec un plateau; ainsi qu'une règle ou un mètre en métal pour les mesurer.

Les consultations peuvent commencer. L'enfant pèse et mesure les bébés les uns après les autres. Pour les mesurer, il place une règle ou un mètre sur le sol perpendiculairement au mur et pose le bébé à côté, le haut de la tête contre le mur. Une fiche glissée sous ses pieds permet de mesurer sa taille avec précision sur la règle ou le mètre.

Aidez l'enfant à reporter les mesures sur la fiche. S'il dispose d'une trousse de médecin, il peut aussi écouter la respiration des bébés, regarder leur langue, leur faire des piqûres.

Comparez les résultats et placez les bébés par ordre de poids et de taille.

Premières lectures

à partir de 3-4 ans	
intérieur	✓
nombre d'enfants	illimité
durée	10 minutes ou plus
aide nécessaire	✓
pas salissant	✓

MATÉRIEL

- grandes cartes pour les étiquettes
- Patafix ou ruban adhésif
- papier et crayon

Ce que l'enfant apprend

L'enfance commence à lire des mots simples dans un contexte.

Ce jeu permet aux enfants de se familiariser avec la forme de mots écrits désignant des objets quotidiens.

déroulement de l'activité

Écrivez sur de grandes étiquettes le nom d'objets domestiques (en minuscules), puis collez ces étiquettes sur les objets. Par exemple, écrivez « porte » sur une étiquette et collez-la sur une porte; collez une étiquette « fenêtre » sur une fenêtre. Choisissez environ six noms à la fois et laissez-les en place pendant une semaine à peu près, puis sélectionnez-en six autres et collez-les à la place qui convient.

Écrivez les mots sur une grande feuille de papier, retirez toutes les étiquettes et invitez l'enfant à les placer sur les mots de la feuille. Commencez par des mots de formes très différentes, comme « porte » et « fenêtre », pour faciliter la tâche de l'enfant.

Dans le sac

Cette activité simple est destinée à attirer l'attention des enfants sur le début des mots.

déroulement de l'activité

Donnez à l'enfant un sac à commissions et attachez une étiquette à l'anse. Écrivez une lettre sur l'étiquette. L'enfant doit trouver cinq objets commençant par la lettre, qu'il mettra dans le sac. Après avoir vérifié qu'il n'a pas fait d'erreurs, proposez-lui une autre lettre. Complimentez-le lorsqu'il réussit et minimisez ses échecs.

Au départ, choisissez des lettres qui ont un seul son, comme *b*, *d*, ou *f*, plutôt que celles qui peuvent en avoir deux telles que *c* (peut se prononcer *k*, comme dans carton, ou *s*, comme dans citron), ou *g* (girafe et garage).

Adaptez les consignes en fonction des capacités de l'enfant. Vous pouvez augmenter la difficulté en proposant des associations de lettres, comme ch. Vous pouvez simplifier l'exercice en demandant à l'enfant de trouver un nombre d'objets inférieur à cinq.

4 à 6 ans	
intérieur	✓
nombre d'enfants	illimité
durée	10 minutes ou plus
aide nécessaire	✓
pas salissant	✓

MATÉRIEL

- **sac**
- **étiquettes**
- **objets de la maison**

Ce que l'enfant apprend

L'enfant apprend
à reconnaître les lettres,
à établir la relation entre
les lettres et les sons,
à écouter les sons au début
des mots.

Cuisinons ensemble

3 à 6 ans	
intérieur	✓
nombre d'enfants	illimité
durée	1 heure
aide nécessaire	✓
salissant	✓

MATÉRIEL

- ingrédients de cuisine (voir aussi pages 64-65)
- ustensiles de cuisine

Ce que l'enfant apprend

L'enfant apprend à mesurer, à couper, à mélanger, à compter ; à mener à bien une tâche selon un ordre logique ; à suivre des instructions. Cette activité est très gratifiante pour lui.

La cuisine relève de la science, des mathématiques, et elle est utile. C'est aussi un moyen de retirer de la satisfaction d'une réalisation simple. La cuisine figure parmi les quelques activités à la portée des enfants, qui leur permettent d'obtenir un résultat équivalent à celui de leurs parents.

déroulement de l'activité

RÈGLES DE SÉCURITÉ

Même si la cuisine comporte des dangers – fours chauds et couteaux pointus –, certaines tâches peuvent être confiées en toute sécurité aux enfants, telles que mesurer et couper des ingrédients mous comme des bananes ou des champignons avec un couteau à dessert. L'enfant découvre le plaisir de participer à une activité collective. Il apprend qu'aider à préparer à manger pour la famille n'est pas nécessairement une corvée.

Certains appareils ménagers facilitent la participation de l'enfant. À l'aide d'un robot, il peut broyer les ingrédients sous l'œil vigilant d'un adulte. Avec un mixeur, il peut fouetter aisément la pâte – tâche difficile à la main pour les moins de 6 ans. Un appareil à pain lui permet de peser les ingrédients avant d'aller se coucher le soir, et de pouvoir savourer son pain le lendemain matin.

PESER ET MESURER

Pour un jeune enfant, la balance traditionnelle est la plus facile d'emploi. Après avoir choisi les poids, il les pose d'un côté, puis ajoute les ingrédients de l'autre côté. Un verre doseur est également pratique.

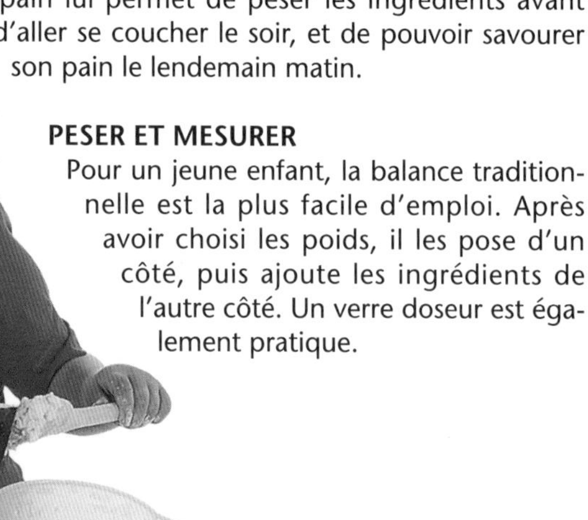

COUPER LES INGRÉDIENTS

Les jeunes enfants peuvent couper les ingrédients mous avec un couteau à dessert. Les enfants plus âgés (et prudents) pourront utiliser un couteau ordinaire sous la surveillance d'un adulte. Préférez les couteaux à extrémité arrondie plutôt que pointue. Les couteaux en dents de scie sont moins dangereux et plus faciles d'emploi pour les enfants. Laissez-les détailler à la main les feuilles de salade.

UNE TÂCHE POUR CHACUN

Des tâches telles que graisser les moules, chercher les ingrédients dans le placard, laver les ustensiles, sont toutes sources de plaisir pour un enfant de 3 ans. Les plus jeunes peuvent aussi mélanger les ingrédients.

Préparer une omelette

300 g de champignons essuyés
1 cuillerée à soupe d'huile d'olive
100 g de gruyère
8 œufs
poivre noir
salade

Laissez l'enfant couper les champignons avec un couteau ordinaire – les petits en quatre, les gros en huit. Faites chauffer à feu vif la moitié de l'huile d'olive dans une poêle, ajoutez les champignons et remuez pendant 1 à 2 minutes. Poursuivez la cuisson à feu doux pendant 5 minutes, en secouant la poêle de temps en temps.

Pendant ce temps, demandez à l'enfant de râper environ un tiers du fromage dans un plat et de couper le reste en petits dés. Il peut ensuite battre les œufs dans un grand saladier.

Lorsque les champignons sont cuits, ajoutez-les aux œufs avec le fromage en dés. Poivrez. Essuyez la poêle, puis versez le reste d'huile. Lorsqu'elle est chaude, baissez le feu au minimum. Versez la préparation aux œufs et aux champignons dans la poêle. Laissez l'enfant parsemer le fromage râpé à la surface.

Remettez la poêle sur le feu pendant quelques minutes. Préchauffez le gril, puis placez la poêle sous le gril jusqu'à ce que le dessus soit cuit – comptez à peine 1 minute. Pendant la cuisson de l'omelette, l'enfant peut préparer la salade qui l'accompagnera.

Quel bon goûter !

4 à 6 ans	
intérieur	✓
nombre d'enfants	1 ou 2
durée	1 heure pour les muffins (sans le temps de cuisson) 15 minutes pour les croquants de céréales chocolatés
aide nécessaire	✓
salissant	✓

MATÉRIEL

- ingrédients de cuisine (voir chaque recette)
- ustensiles de cuisine

Ce que l'enfant apprend

L'enfant apprend à mesurer, à compter, à couper, à mélanger ; à mener une activité selon un ordre logique, en suivant des instructions. Cette activité gratifiante lui donne confiance en lui.

Pour un enfant, mesurer, peser, mélanger les ingrédients pour préparer un gâteau sont sources de plaisir. Quelle satisfaction aussi de voir son travail se transformer en gourmandise, et de pouvoir la déguster !

déroulement de l'activité

MUFFINS

275 g de farine
1 cuillerée à soupe et 1 cuillerée à café de levure chimique
1 cuillerée à café de sel
2 gros œufs
12 cl de lait
75 g de sucre semoule
25 g de beurre

Vous pouvez ajouter l'un ou plusieurs des ingrédients suivants :

- 2 cuillerées à café de cannelle en poudre et 115 g de raisins secs
- 3 grosses bananes écrasées et quelques noix
- 250 g de fruits rouges
- 115 g de pépites de chocolat, en remplaçant 75 g de farine par du cacao en poudre
- 325 g de pommes, de prunes, de poires ou d'abricots en morceaux
- 200 g de carottes râpées avec le zeste râpé d'une orange et 75 g de noix
- zeste râpé d'une orange et une cuillerée à soupe de marmelade d'orange

Préchauffez le four à 190 °C/thermostat 5. Déposez 12 petits moules en papier dans les alvéoles d'un moule à muffins. Mesurez les ingrédients, en laissant participer l'enfant. Montrez-lui comment tamiser la farine et la levure chimique dans un saladier, puis salez. Réservez ce mélange.

Cassez les œufs dans un grand saladier. Demandez à l'enfant de les fouetter en ajoutant le lait, puis le sucre. Pendant ce temps, faites fondre le beurre dans une casserole à feu doux. Versez-le dans la préparation aux œufs et laissez l'enfant battre le tout. Si vous utilisez des bananes, écrasez-les avant de les ajouter à la préparation.

Jusqu'à cette étape, vous pouvez mélanger les ingrédients avec un mixeur ou un robot, mais la suivante doit être effectuée à la main. Renversez le mélange farine/levure sur la préparation aux œufs et tournez deux ou trois fois – pas plus. La farine doit être incorporée, mais la préparation grumeleuse. Ajoutez ensuite les suppléments, en remuant deux fois seulement.

Versez la préparation dans les alvéoles du moule avec une cuillère, en les remplissant aux deux tiers. Faites cuire 25 minutes dans le four préchauffé. Sortez les muffins du four et laissez reposer 5 minutes avant de les démouler.

Croquants de céréales chocolatés

Ces gourmandises au chocolat seront faciles à confectionner par des enfants de 4 à 6 ans.

100 g de margarine
100 g de guimauve
100 g de caramels mous
1 cuillerée à soupe de cacao en poudre
200 g de riz soufflé ou de pétales de maïs
Smarties ou autres bonbons pour décorer
Petits moules en papier

Faites chauffer margarine, guimauve, caramels et cacao dans une casserole jusqu'à ce que les ingrédients fondent en une préparation onctueuse. Ajoutez si besoin un peu de cacao. Versez la préparation sur le riz et mélangez délicatement avec une cuillère.

Répartissez la préparation dans des moules en papier, sans trop les remplir.

Décorez de Smarties ou d'autres petits bonbons pendant qu'elle est encore chaude.

Virelangues

4 à 6 ans	
intérieur/extérieur	✓
nombre d'enfants	illimité
durée	10 minutes ou plus
aide nécessaire	✓
pas salissant	✓

MATÉRIEL
aucun

Ce que l'enfant apprend

Les virelangues attirent l'attention de l'enfant sur les sons qui forment les mots et lui apprennent à articuler.

Un virelangue désigne une suite de mots ou une phrase ludique et difficile à prononcer. L'apprentissage de la lecture et de l'orthographe est un processus complexe impliquant de nombreuses composantes. L'une des principales difficultés, pour les enfants, consiste à entendre les sons qui forment les mots. Les enfants dyslexiques sont particulièrement concernés par ce problème. Toutefois, des études montrent qu'un entraînement précoce peut les aider. Si votre famille compte des cas de dyslexie, amusez-vous avec ces virelangues autant que vous le voulez. L'important n'est pas que l'enfant les répète sans erreurs, mais qu'il vous entende prononcer les sons correctement.

déroulement de l'activité

Choisissez parmi ce florilège de virelangues qui se transmettent de génération en génération :

Ton thé t'a-t-il ôté ta toux ?

Un chasseur sachant chasser
sans son chien est un bon chasseur.

Les chaussettes de l'archiduchesse
sont-elles sèches ou archisèches ?

Que lit Lili sous ces lilas-là ? Lili lit l'Iliade.

Six souris sans lit sourient sans souci
de six chats.

Ces six cyprès sont si près qu'on ne sait
si c'en sont.

Amusez-vous à répéter ces virelangues aussi rapidement que vous le pouvez :

Panier-piano

Pruneau cru-pruneau cuit

Douze douches douces

Jeux de cartes

à partir de 3-4 ans	
intérieur	✓
nombre d'enfants	illimité
durée	10 minutes ou plus
aide nécessaire	✓
salissant	fabrication des cartes

MATÉRIEL

- 2 paquets de cartes
- boutons, pâtes de formes diverses et saladiers
- 2 catalogues et cartes bristol vierges
- ciseaux
- colle

Ce que l'enfant apprend

Ce jeu sensibilise l'enfant aux mathématiques – il apprend à assortir, à trier, à identifier, à mémoriser. Il s'exerce à prêter attention aux détails et développe sa mémoire visuelle.

Les jeux de société sont difficiles pour les jeunes enfants qui n'ont pas encore acquis le sens de la stratégie, et qui n'aiment pas perdre. En règle générale, lorsqu'un jeune enfant participe au jeu, les plus âgés et les adultes s'ennuient. Les jeux avec des paires de cartes identiques, comme le loto, constituent cependant une exception. La mémoire visuelle du jeune enfant étant nettement supérieure à celle de l'adulte, son défaut de stratégie est compensé par sa capacité à mémoriser l'emplacement des cartes.

déroulement de l'activité

PAIRES DE CARTES IDENTIQUES

Prenez deux paquets de cartes et sortez-en les cartes suivantes : as, 5 et 10 de cœur; 2, 6 et valet de pique; 3, 7 et reine de trèfle; 4, 8 et roi de carreau. Posez ces cartes à l'envers sur la table, les unes à côté des autres.

Le premier joueur retourne deux cartes. Si ce sont les mêmes, il les prend et rejoue. Sinon, il les repose à l'envers au même endroit, et c'est au tour du joueur suivant. La difficulté consiste à mémoriser l'emplacement des cartes. Lorsque toutes les paires ont été reconstituées, le jeu est fini. Le gagnant est celui qui a trouvé le plus de poires.

La difficulté peut être diminuée ou augmentée en employant plus ou moins de cartes. Vous pouvez aussi jouer avec des cartes illustrées, en vente dans les magasins, ou fabriquées par vos soins (voir encadré ci-dessous, à droite).

LOTO

Le loto se joue également avec deux paquets de cartes. Étalez les cartes d'un des paquets à l'envers au milieu de la table. Dans l'autre, sortez quatre à neuf cartes que vous posez à l'endroit devant chaque joueur.

Les joueurs retournent à tour de rôle une carte du paquet étalé. Si l'une d'elles correspond à l'une de ses cartes, il la prend et la pose à l'envers sur sa carte. Sinon, il la repose à sa place à l'envers. Le jeu se poursuit jusqu'à ce qu'un joueur ait recouvert toutes ses cartes : c'est le gagnant.

COMPTER

Sortez les 2, 4, 5 et 6 de cœur. Donnez à l'enfant un sac de boutons et demandez-lui de poser un bouton sur chaque cœur. Si vous trouvez des boutons en forme de cœurs, c'est encore mieux.

Placez un bol devant chaque carte. Donnez à l'enfant un saladier contenant des pâtes (en forme de papillons par exemple), et demandez-lui de déposer dans le bol le nombre de pâtes correspondant à celui des cœurs sur les cartes.

TRIER

Donnez à l'enfant un paquet de cartes et demandez-lui de les trier par familles.

Proposez-lui ensuite de trier le paquet par chiffres. Cet exercice étant plus difficile, retirez éventuellement les chiffres supérieurs.

PUZZLES

Prenez des cartes portant les numéros 1 à 4, chaque chiffre dans une famille différente. Coupez en deux les cartes portant le numéro 2, en trois celles portant le numéro 3, en quatre celles portant le numéro 4. Demandez ensuite à l'enfant de reconstituer les cartes.

Fabrication de cartes illustrées

Achetez un paquet de cartes bristol vierges de format carte postale. Coupez- les en deux et collez les deux moitiés l'une contre l'autre pour obtenir un support bien rigide. Procurez-vous un catalogue de jouets ou d'articles ménagers en deux exemplaires. Découpez dans les deux catalogues les mêmes images puis collez-les sur les cartes. Vous obtenez ainsi deux jeux de cartes.

science

et nature

Des plantes luxuriantes

3 à 6 ans	
extérieur	✓
nombre d'enfants	illimité
durée	une demi-journée pour planter (puis 10 minutes pour régulièrement désherber et arroser)
aide nécessaire	✓
salissant	✓

MATÉRIEL

- **graines**
- **pots**
- **terreau**
- **transplantoir, râteau et plantoir à bulbe (plus pratique qu'une pelle pour un enfant)**
- **arrosoir ou tuyau**

Ce que l'enfant apprend

L'enfant se familiarise avec la croissance des végétaux. Il apprend à organiser son travail à long terme. Cette activité développe sa patience et lui procure de la satisfaction lorsqu'il récolte les premiers produits de son travail.

Les jeunes enfants n'ayant pas la patience d'attendre des mois pour voir pousser les plantes, vérifiez le temps de germination sur les emballages avant d'acheter les graines. Choisissez des fleurs et des légumes qui poussent en quelques semaines, ou des plantes qui prennent rapidement des dimensions impressionnantes, comme les grimpantes ou les tournesols. Reportez-vous aussi aux pages 74 (Des haricots dans un bocal), et 77 (Drôles de monstres !).

déroulement de l'activité

CHOIX DES GRAINES ET SEMIS

Réservez à l'enfant un petit coin du jardin ou un pot sur la terrasse. Les pots sont tout indiqués pour les plus jeunes, qui peuvent y retirer les mauvaises herbes sans risque de piétiner les plantes. De plus, ils nécessitent un arrosage régulier et abondant – tâche que les enfants apprécient généralement.

Sélectionnez les graines. Essayez par exemple les radis, qui se récoltent au bout de quelques semaines ; les carottes, faciles à déterrer ; ou les tournesols, faciles à semer et qui poussent à une vitesse étonnante.

PLANTATION

Préparez la terre. Les mauvaises herbes ayant tendance à apparaître plus rapidement que les plantes, utilisez du terreau. Ainsi, vous saurez que ce que vous voyez sortir de terre est bien la plante semée.

Aidez l'enfant à préparer les sillons dans le jardin. Creusez-les avec un bâton, puis laissez-le semer les graines et les couvrir de terreau. Il pourra ainsi repérer leur emplacement.

Mélangez les petites graines avec un peu de sable ou de terreau pour les semer plus facilement.

Pensez à arroser régulièrement, sans toutefois détremper la terre.

Des plantes pour les enfants

La rhubarbe donne des résultats spectaculaires. Quelques plants couvriront rapidement un coin du jardin. L'enfant pourra ensuite vous aider à fabriquer une tarte ou un crumble à la rhubarbe. Méfiez-vous néanmoins des feuilles, qui sont toxiques. Vérifiez que l'enfant ne les mange pas et faites-lui laver les mains lorsqu'il y touche.

Les aromates, les tomates et les fraises se prêtent particulièrement bien à la culture en pots.

Vous trouverez dans certaines boutiques des kits constituant des idées de cadeaux originales. Ils contiennent des sachets de graines, accompagnés parfois de pots en terre cuite ou en métal galvanisé.

L'enfant prendra plaisir à regarder pousser un arbre fruitier planté à son intention, et à récolter ses fruits.

Des haricots dans un bocal

4 à 6 ans	
intérieur	✓
nombre d'enfants	illimité
durée	environ 1 heure pour la préparation, puis quelques minutes chaque jour
aide nécessaire	✓
pas salissant	✓

MATÉRIEL

- bocal
- haricots ou pois secs
- fil
- papier buvard
- ruban adhésif
- élastique

Ce que l'enfant apprend

Cette expérience permet à l'enfant de voir apparaître des racines et des pousses sur une graine.

Avec cette expérience, l'enfant découvre la croissance des végétaux. Vous devrez probablement l'aider pour la préparation, et il lui faudra un peu de patience pour voir germer les haricots. Préparez le matériel au début d'une semaine bien remplie ou avant un départ de plusieurs jours. Vous serez étonné de l'évolution dès que vous prendrez le temps de regarder.

déroulement de l'activité

Laissez tremper les haricots toute la nuit. Attachez ensuite un fil à chacun – opération plus facile à réaliser avec de gros haricots, mais possible avec de petits ou même avec des pois.

Préparez le bocal : formez un rouleau de papier buvard avec quatre ou cinq épaisseurs, aux dimensions du bocal. Vérifiez qu'il s'encastre bien à l'intérieur, puis retirez-le.

Suspendez les haricots à leur fils dans le bocal : collez les fils au bord du bocal avec du ruban adhésif de manière qu'ils descendent à mi-hauteur. Lorsqu'ils sont en place (comptez quatre à cinq haricots pour un bocal à confiture), glissez un élastique en haut du bocal pour maintenir les fils.

Placez le buvard dans le bocal, en évitant de déplacer les haricots. Ils doivent à peine toucher le papier buvard.

Versez de l'eau dans le bocal. Il doit en rester un peu au fond une fois qu'elle a été absorbée par le papier buvard, sans que les haricots soient immergés.

Vérifiez ensuite régulièrement que le papier buvard reste humide et que les haricots sont légèrement en contact avec lui. Lorsqu'ils germent, l'enfant peut observer le développement des racines et des pousses. Ils doivent être exposés en pleine lumière dès le début de la germination.

L'enfant prendra plaisir à voir les pousses apparaître et les racines remplir le bocal – mais encore plus à faire pousser les germes et à récolter les haricots.

Lorsque les germes sont formés, retirez-les soigneusement et rempotez-les dans du terreau (ou, mieux encore, dans le jardin). Arrosez-les abondamment. Quelques mois après, vous pourrez récolter des haricots avec votre enfant.

Prenez l'un des haricots et pelez-le. Invitez l'enfant à regarder les deux moitiés pour voir l'endroit d'où part le germe.

Une plante ça pousse

5 à 6 ans	
intérieur/extérieur	✓
nombre d'enfants	illimité
durée	10 minutes ou plus
aide nécessaire	✓
pas salissant	✓

MATÉRIEL
- plantes
- pots
- terreau
- eau

Ce que l'enfant apprend
L'enfant apprend à observer, à poser des questions et à trouver les réponses appropriées.

Ces expériences simples permettront aux enfants de découvrir que les plantes ont besoin de lumière et d'eau pour pousser.

déroulement de l'activité

LES PLANTES ONT BESOIN DE LUMIÈRE
À l'intérieur, amenez l'enfant à regarder les plantes pousser vers les fenêtres. Dans le jardin, faites-lui constater que les végétaux situés dans des zones ombragées se penchent vers la lumière.

Aidez l'enfant à planter des impatiences dans deux pots. Placez un pot dans un placard sombre, exposez l'autre à la lumière. Observez-les régulièrement pour noter les différences.

LES PLANTES ONT BESOIN D'EAU
Avec votre enfant, observez le comportement des plantes dans le jardin par temps chaud et sec. Remarquez celui des plantes d'intérieur lorsqu'elles ne sont pas arrosées.

Invitez l'enfant à arroser les plantes qui semblent manquer d'eau avant de partir faire les courses, et observez-les au retour.

Drôles de monstres !

Les jeunes enfants prennent beaucoup de plaisir à faire pousser de la moutarde ou du cresson sur un morceau de tissu ou du coton humide. La fabrication de « monstres » constituera une variante sur ce thème.

3 à 6 ans	
intérieur	✓
nombre d'enfants	illimité
durée	environ 1 heure
aide nécessaire	✓
pas salissant	✓

MATÉRIEL

- grosses pommes de terre
- allumettes
- punaises
- coton hydrophile
- graines de moutarde ou de cresson

déroulement de l'activité

Prenez une grosse pomme de terre, posez-la à plat, coupez la partie supérieure et videz l'intérieur.

Enfoncez en dessous quatre allumettes consumées pour les pattes.

Pour les yeux et le nez, choisissez des punaises, de préférence en plastique.

Remplissez l'intérieur de coton humide, puis semez généreusement des graines de moutarde, de cresson, ou un mélange des deux.

Placez le « monstre » dans un endroit chaud et ensoleillé, puis attendez ! Les premières pousses apparaîtront quelques jours après.

L'enfant pourra récolter les feuilles et les utiliser pour garnir des sandwichs.

Ce que l'enfant apprend

L'enfant découvre que les graines se développent sous forme de plantes qui peuvent être consommées, que l'eau et la lumière sont nécessaires à la croissance des plantes. Les feuilles de moutarde et de cresson pourront servir à garnir des sandwichs. Cette expérience se révélera gratifiante pour les enfants qui manifestent généralement peu d'intérêt pour les plantes.

Jeux de miroirs

à partir de 3-4 ans	
intérieur/extérieur	✓
nombre d'enfants	illimité
durée	10 minutes à une demi-journée
aide nécessaire	✓
pas salissant	✓

MATÉRIEL

- miroirs de différentes tailles et formes, avec ou sans cadre
- dés ou autres petits objets
- ruban adhésif
- bâtonnet, verre et bouteille en plastique
- feuilles en plastique transparent de différentes couleurs, torche
- gouache
- rouleaux d'essuie-tout ou de papier toilette, paire de jumelles

Ce que l'enfant apprend

Par cette série d'expériences simples, l'enfant se familiarise avec le phénomène de la réflexion de la lumière. Il suffit de lui expliquer que, lorsque la lumière atteint une surface, elle est généralement « mangée », mais que les miroirs la renvoient dans la direction d'où elle vient. Ce genre d'expériences développe le sens de l'observation, indispensable pour le travail scolaire.

Les enfants peuvent s'amuser pendant des heures à mener des expériences avec un petit miroir. Procurez-leur un miroir à main ou un simple miroir sans cadre, en recouvrant les bords de ruban adhésif.

déroulement de l'activité

Réfléchissez le soleil dans un miroir et amusez-vous avec la réflexion sur le mur.

Placez un dé ou n'importe quel autre petit objet devant le miroir, puis éloignez-le du miroir. Observez son déplacement sur le miroir.

Invitez l'enfant à observer la réflexion de son corps dans un bassin, ou celle des arbres. Que se passe-t-il lorsqu'il jette une pierre dans l'eau ?

Écrivez le nom de l'enfant sur une feuille de papier et placez-la devant le miroir. Que constate-t-il ?

Demandez à l'enfant de placer un bâtonnet dans un verre posé sur un grand miroir sans regarder les objets eux-mêmes mais leur seule réflexion. S'il y parvient sans difficultés, invitez-le à prendre une bouteille en plastique dans une main, le bâtonnet dans l'autre, et à glisser le bâtonnet dans la bouteille de la même façon, en ne s'aidant que de l'image des objets dans le miroir.

Disposez sur une table trois miroirs sans cadre que vous aurez assemblés les uns avec les autres avec du ruban adhésif. Laissez l'enfant découvrir les différentes et multiples réflexions de son corps.

Proposez à l'enfant de se regarder dans le miroir de votre armoire. Que devient l'arrière-plan lorsque vous bougez la porte ?

Un univers de couleurs

L'environnement paraît différent, vu à travers un plastique transparent coloré. Lorsque vous mélangez des lumières de couleur, le résultat est différent de celui obtenu avec des mélanges de peintures. En effet, ce que nous voyons lorsque nous regardons une surface peinte est une réflexion de la lumière. Ce que nous voyons lorsque nous regardons à travers une feuille de plastique colorée est la lumière proprement dite.

Découpez des petits carrés de plastique transparent de différentes couleurs et invitez l'enfant à regarder à travers. Dirigez une torche sur ces carrés pour obtenir des lumières de couleur.

Dirigez une torche sur plusieurs carrés superposés de différentes couleurs. Mélangez des peintures de la même couleur que les carrés : réagissent-elles de la même manière ?

Autre perspective

La science est indissociable de l'exploration. Elle s'attache à comprendre les phénomènes, cherche s'il existe des constantes dans l'univers. Regarder les objets sous un angle différent est la forme d'investigation la plus simple pour un très jeune enfant. Proposez-lui de :

Regarder dans un rouleau d'essuie-tout ou de papier toilette, puis dans deux rouleaux.

Regarder dans des jumelles.

Regarder un bâtonnet dans un verre d'eau à travers la paroi de ce dernier.

Aimants

à partir de 3 ans	
intérieur	✓
nombre d'enfants	illimité
durée	30 minutes à 2 heures
pas d'aide nécessaire	✓
pas très salissant	✓

MATÉRIEL

- **aimant ou paire d'aimants**
- **petits objets en métal tels que trombones, couverts, jouets**

Ce que l'enfant apprend

L'enfant peut réaliser seul cette expérience simple, qui lui procurera à la fois plaisir et confiance en soi. Elle l'entraînera à poser des questions et à trouver les réponses.

Rien de tel que les aimants pour les jeunes enfants – ils leur permettent de mener leurs propres expériences sans l'interférence des adultes. Ils s'amuseront à regarder les objets se coller aux pôles des aimants, à sentir la force des pôles qui se repoussent.

déroulement de l'activité

Laissez l'enfant trouver les appareils et objets sur lesquels l'aimant s'accroche : réfrigérateur, lave-linge, baignoire, poignées de portes, plateaux, jouets.

Invitez l'enfant à soulever de petits objets avec l'aimant.

Observez ce qui se passe lorsque deux aimants s'accrochent l'un à l'autre. Qu'arrive-t-il si vous retournez l'un des deux ?

Ardoise magique

Les enfants adorent les effets de surprise créés par ce bloc magique, très facile à fabriquer. Il pourra être grand ou petit, selon les désirs et les besoins de chacun.

déroulement de l'activité

Prenez un morceau de carton. Posez dessus une feuille de papier carbone – le carbone vers le haut –, et collez-la avec du ruban adhésif. Les enfants auront besoin de l'aide d'un adulte pour cette opération délicate. Il suffit de coller les bords par endroits seulement.

Recouvrez ensuite le papier carbone de papier sulfurisé, puis d'une feuille de cellophane ou de plastique transparent. Fixez ces deux dernières feuilles uniquement sur le bord supérieur du carton, avec du ruban adhésif et des agrafes.

L'enfant peut maintenant dessiner sur le bloc. Pour effacer, il suffit de soulever les deux feuilles supérieures.

à partir de 3-4 ans	
intérieur	✓
nombre d'enfants	illimité
durée	10 minutes ou plus
aide nécessaire	✓
pas salissant	✓

MATÉRIEL
- **morceau de carton**
- **papier carbone**
- **papier sulfurisé**
- **feuille de cellophane ou de plastique transparent**
- **ruban adhésif ou agrafes**

Ce que l'enfant apprend

L'enfant apprend à planifier et à réaliser une tâche du début jusqu'à la fin. La fabrication d'un objet avec lequel il peut s'amuser ensuite lui procure satisfaction et confiance en soi.

Encre invisible

à partir de 3-4 ans	
intérieur	✓
nombre d'enfants	illimité
durée	30 minutes ou plus
aide nécessaire	✓
salissant	✓

MATÉRIEL

- bougies et crayons à la cire
- papier
- gouache liquide et pinceau
- jus de citron
- margarine

Ce que l'enfant apprend

L'enfant découvre que l'eau et l'huile ne se mélangent pas. Il peut vérifier cette expérience de multiples manières : repérez les taches d'essence dans les flaques d'eau, mélangez de l'huile de cuisine avec de l'eau, regardez la graisse qui se forme à la surface du bouillon lorsqu'il refroidit.

Cette expérience magique relève de la science. La cire repousse l'eau. Pour faire découvrir ce phénomène aux enfants, frottez un morceau de margarine sur du papier journal, puis mouillez-le. La margarine empêche l'eau d'imprégner le papier. C'est le même principe qui permet aux canards de garder leur plumage sec.

déroulement de l'activité

Enduisez de cire de bougie une feuille de papier. Retournez-la sur une autre feuille de papier, et écrivez un message sur son dos seulement en appuyant avec un stylo fermé ou un petit bâton. Le message secret s'est inscrit sur la seconde feuille. Pour le faire apparaître, peignez celle-ci.

Pour écrire un message, l'enfant peut utiliser la bougie comme un crayon à la cire, puis peindre la page pour le révéler.

Il peut également écrire un message avec du jus de citron. Il suffit ensuite de chauffer la feuille dans le four pour le lire.

Vous pouvez réaliser des dessins secrets avec de la cire de bougie et laisser deviner à l'enfant ce qu'ils représentent (ou le contraire). En peignant sur la cire, il les découvrira. Vous obtiendrez des résultats identiques, mais pas si secrets, avec des crayons à la cire ou un morceau de margarine.

ATTENTION

Le four doit être à basse température pour y glisser le papier. Surveillez l'opération.

Délicieuses sucettes

Faciles à fabriquer soi-même, ces sucettes sont meilleures pour la santé et moins chères que celles achetées dans le commerce. Cette expérience se révélera très gratifiante pour les enfants qui pourront déguster ces friandises qu'ils ont fabriquées.

2 à 6 ans	
intérieur	✓
nombre d'enfants	illimité
durée	15 minutes ou plus
aide nécessaire	✓
salissant	✓

MATÉRIEL

- **moules à sucettes en plastique (en vente dans les grands magasins), coquetiers ou bacs à glaçons**
- **bâtonnets en plastique (généralement vendus avec les moules)**
- **jus de fruits et cruche**

déroulement de l'activité

Rassemblez des moules à sucettes en plastique ou des coquetiers, des bâtonnets en plastique et du jus de fruits.

Versez du jus de fruits dans une cruche – sans trop la remplir –, et montrez à l'enfant comment le répartir soigneusement dans les moules.

Placez les moules dans le congélateur, et lorsque les sucettes sont prêtes, laissez les enfants les déguster.

Vous pouvez aussi confectionner des sucettes miniatures dans des bacs à glaçons.

Ce que l'enfant apprend

L'enfant découvre que le liquide durcit lorsqu'il est congelé. Il retire de la satisfaction des gourmandises qu'il a confectionnées.

Initiation à la chimie

à partir de 3-4 ans	
intérieur/extérieur	✓
nombre d'enfants	illimité
durée	10 minutes à 1 heure (sans le temps de cuisson)
aide nécessaire	✓
salissant	✓

MATÉRIEL

- **bicarbonate de soude (en vente dans les supermarchés à côté du sel)**
- **vinaigre ou jus de citron**
- **bouteille en plastique avec un bouchon en liège**
- **ingrédients pour le gâteau**
- **ustensiles de cuisine**

Ce que l'enfant apprend

Ces expériences d'une simplicité extrême donnent des résultats rapides et impressionnants. L'enfant apprend à mener des expériences et à produire des réactions chimiques entre une substance acide et une substance alcaline. La fabrication d'un gâteau l'entraîne à mesurer, à suivre des instructions, et lui procure un sentiment de satisfaction.

Ces expériences (sous la surveillance d'un adulte) constituent une démonstration d'une réaction chimique simple mais spectaculaire, qui provoque l'expulsion d'un bouchon et fait lever un gâteau. Lorsqu'il réagit avec le carbone, le vinaigre – acide – forme du gaz carbonique : ce sont ses bulles qui s'échappent dans les deux cas ci-dessous. Lors de la préparation du gâteau, elles sont emprisonnées pendant la cuisson, conférant ainsi sa légèreté au dessert.

déroulement de l'activité

REGARDEZ LES BULLES !

Faites dissoudre 1 cuillerée à café de bicarbonate de soude dans un peu d'eau, puis ajoutez 3 cuillerées à soupe de vinaigre. Montrez aux enfants les bulles qui se forment.

ATTENTION AU BOUCHON !

Versez 30 cl d'eau dans une petite bouteille en plastique et ajoutez 1 cuillerée à café de bicarbonate de soude. Trouvez un bouchon en liège qui s'adapte à la bouteille (enveloppez-le de papier pour qu'il adhère bien). Secouez la bouteille vigoureusement. Retirez le bouchon et ajoutez 3 cuillerées à soupe de vinaigre (versez-les d'abord dans une cruche). Replacez rapidement le bouchon. Reculez-vous et attendez qu'il saute.

Ces manœuvres doivent être faites par un adulte, car elles ont besoin d'être entreprises avec célérité.

ATTENTION
N'utilisez pas de bouteille en verre et respectez scrupuleusement les quantités de bicarbonate de soude indiquées ci-dessus.

Un gâteau léger

500 g de farine
250 g de cassonade
250 g de beurre ou de margarine
fruits (voir ci-contre)
30 cl de lait
1 cuillerée à café de bicarbonate de soude
3 cuillerées à soupe de vinaigre

FRUITS :
choisissez dans la liste ci-dessous :
250 g de raisins secs
250 g de poires, de pommes ou d'ananas en morceaux
250 g de carottes râpées
2 bananes écrasées

Préchauffez le four à 200 °C/thermostat 6. Graissez un moule rond de 24 cm et saupoudrez-le de farine. Avec l'enfant, pesez, puis mélangez la farine et la cassonade.

Coupez le beurre ou la margarine en dés. Incorporez-les dans la préparation farine-cassonade à l'aide d'un robot ou à la main. Ajoutez les fruits choisis dans la liste ci-dessus.

Versez le lait dans une cruche et ajoutez le bicarbonate de soude. Mélangez soigneusement. Ajoutez le vinaigre. Observez la formation de mousse. Comptez jusqu'à cinq, puis versez le lait moussant dans la préparation. Remuez vigoureusement et versez dans le moule graissé.

Faites cuire 1 heure au four, puis baissez la température à 160 °C/thermostat 3, et poursuivez la cuisson pendant 1 heure 30.

Merveilles de sable

à partir de 2 ans	
extérieur	✓
nombre d'enfants	illimité
durée	30 minutes ou plus
pas d'aide nécessaire	✓
salissant	✓

MATÉRIEL

- sable
- entonnoir, passoire, tamis
- cruches, saladiers, tasses
- sacs
- moulin à eau
- seau et pelle
- fleurs, brindilles, cailloux
- moule à cake
- voitures miniatures

Ce que l'enfant apprend

Les jeux de sable sensibilisent l'enfant aux mathématiques et à la science. Ils l'incitent à poser des questions et lui procurent du plaisir.

Rien de tel que le sable pour jouer lorsqu'on est enfant. Sec, il glisse comme l'eau ; humide, il se façonne comme l'argile ; bien mouillé, il ressemble à de la boue et permet de fabriquer des châteaux ou d'autres constructions féeriques. Pensez à rapporter du sable de la plage, lorsque vous y allez.

déroulement de l'activité

SABLE SEC

Donnez à l'enfant un récipient de sable sec, un entonnoir, une tasse, une passoire, un tamis fin et un gros, et laissez-le jouer.

Procurez-lui un assortiment de cruches, saladiers, tasses, et proposez-lui de trouver quel objet contient le plus de sable.

Remplissez un sac de sable sec, coupez-en un coin et laissez l'enfant « dessiner » avec le filet de sable qui tombe.

Formez un monticule de sable humide et ajoutez du sable sec à son sommet. Regardez-le glisser sur les côtés.

Donnez à l'enfant un moulin à eau et laissez-le verser du sable dedans.

SABLE MOUILLÉ

Donnez à l'enfant un seau et une pelle, et invitez-le à construire un château. Décorez-le de fleurs, de brindilles et de cailloux.

Remplissez un sac de sable à moitié liquide et coupez-en un coin. Proposez à l'enfant de « dessiner » des motifs sur le château avec le sable qui tombe.

Tracez des routes sur le sable avec le dos d'une pelle pour que l'enfant puisse faire rouler ses voitures dessus. Construisez des bâtiments au bord des routes avec un moule à cake.

Préparez une surface de sable plane et dessinez dessus avec un bâton (ou écrivez son nom).

De bonnes vibrations

4 à 6 ans	
intérieur	✓
nombre d'enfants	illimité
durée	10 minutes
aide nécessaire	✓
pas salissant	✓

MATÉRIEL

- **feuilles de plastique, papier d'aluminium et/ou caoutchouc**
- **saladier**
- **élastique**
- **riz ou sucre**
- **baguettes**

Ce que l'enfant apprend

L'enfant apprend à mener des investigations simples ; à travailler en fonction d'un objectif à atteindre ; à être observateur.

Lorsque nous tapons sur la peau d'un tambour, elle vibre, et cette vibration se déplace dans l'air. Nous la percevons sous la forme d'un son et nous constatons ses effets : elle fait bouger des objets.

déroulement de l'activité

Couvrez un saladier avec une feuille de plastique fin ou de papier d'aluminium, et maintenez-la avec un élastique.

Posez des grains de riz ou de sucre sur le plastique ou le papier d'aluminium.

Invitez l'enfant à frapper légèrement la surface avec une baguette et à observer les grains de riz bouger sur la surface qui vibre.

Répétez si possible l'expérience avec un matériau plus extensible comme le caoutchouc. L'enfant constatera que les vibrations durent plus longtemps.

La marche des limaces

Cet exercice d'observation simple divertira de jeunes enfants pendant des heures. Les limaces et les escargots se déplacent sur des traces de bave au moyen de petits organes appelés pseudopodes, terme que les enfants prendront plaisir à répéter.

déroulement de l'activité

Ramassez des limaces et des escargots dans votre jardin ou dans le parc voisin. Vous les trouverez facilement tôt le matin ou lorsqu'il a plu.

Posez une grande plaque de Plexiglas à cheval sur deux chaises. L'enfant devant s'allonger par terre pour observer, installez des coussins pour son confort.

Placez les limaces ou les escargots sur le Plexiglas et attendez qu'ils bougent. Faites-leur suivre un chemin en les attirant avec des gouttes de bière ou des feuilles de salade.

Vous pouvez également poser des limaces ou les escargots sur la vitre d'une fenêtre. L'enfant observera à travers la vitre la manière dont ils se déplacent.

4 à 6 ans	
intérieur/extérieur	✓
nombre d'enfants	illimité
durée	10 minutes ou plus
aide nécessaire	✓
pas salissant	hormis les traces de bave

MATÉRIEL

- **escargots et limaces**
- **1 plaque de Plexiglas**
- **2 chaises**
- **coussins**
- **livres de sciences naturelles**

Ce que l'enfant apprend

L'enfant apprend à observer la nature. Vous prolongerez ses découvertes en regardant et en lisant avec lui des livres contenant des informations sur les escargots et les limaces.

Chasse aux insectes

3 à 6 ans	
extérieur	✓
nombre d'enfants	illimité
durée	30 minutes à 1 heure
aide nécessaire	✓
pas salissant	✓

MATÉRIEL

- bocal avec couvercle à vis
- drap ou taie d'oreiller
- jardin ou parc pour trouver des insectes

Ce que l'enfant apprend

L'enfant apprend à observer les détails ; à planifier une activité et à la mener à terme. Il découvre la brièveté de la vie des insectes.

N'importe quel jardin ou parc regorge d'insectes à découvrir et à étudier. Il est facile de les approcher pour les observer, malgré leur petite taille.

déroulement de l'activité

Posez une taie d'oreiller ou un drap usagé sous un buisson, et préparez un bocal en verre muni d'un couvercle à vis. Demandez à l'enfant de secouer le buisson – il pourra ramasser les insectes qui tomberont sur le drap.

Aidez-le à les placer dans le bocal et à le refermer. Invitez l'enfant à observer les insectes qu'il a attrapés. De quelle couleur sont-ils ? Combien de pattes ont-ils ? Ont-ils des ailes ? L'enfant voit-il leurs yeux ? S'il souhaite garder les insectes, percez le couvercle et donnez-leur des feuilles humides pour qu'ils puissent boire et manger.

Les pucerons affectionnent les rosiers, les capucines et les plants de fèves. L'enfant pourra prendre une feuille portant quelques spécimens et la déposer dans le bocal (avec une ou deux gouttes d'eau). Percez le couvercle. Introduisez une nouvelle feuille et quelques gouttes d'eau chaque jour. Combien d'insectes l'enfant a-t-il récoltés en une semaine ?

Sous la pierre

3 à 6 ans	
extérieur	✓
nombre d'enfants	illimité
durée	1 à 2 heures
aide nécessaire	pour l'identification
pas salissant	✓

MATÉRIEL

- ouvrage de référence

Ce que l'enfant apprend

L'enfant découvre qu'il peut faire des trouvailles intéressantes en cherchant aux bons endroits. Il s'entraîne à observer les détails pour identifier les insectes (capacité indispensable pour la lecture). Il apprend qu'il doit respecter la nature et qu'il doit laisser les animaux vivre en paix.

Il n'est pas toujours facile de trouver des escargots, des pucerons ou des coccinelles dans le jardin ou le parc. Mais l'enfant finira toujours par dénicher quelque repaire d'insectes sous une pierre.

déroulement de l'activité

Invitez l'enfant à soulever une pierre pour découvrir les animaux qui vivent en dessous. Observez leur variété. Comptez-les et commencez avec lui à les étudier.

Demandez à l'enfant de reposer la pierre à sa place pour éviter de trop les déranger. Il peut en soulever une autre. Procurez-vous un livre de référence pour trouver le nom des insectes. Marquez d'un signe ceux que l'enfant a trouvés.

Les animaux de la ville

à partir de 3-4 ans	
extérieur	✓
nombre d'enfants	illimité
durée	10 minutes ou plus
aide nécessaire	✓
pas salissant	✓

MATÉRIEL
aucun

Ce que l'enfant apprend

Cette activité favorise l'observation et incite l'enfant à prendre conscience du monde naturel.

Il n'est pas toujours facile d'observer les animaux à la campagne, car ils n'ont pas l'habitude de voir des gens et sont donc très craintifs. En revanche, en ville, les animaux sont habitués à l'homme et se laissent approcher.

déroulement de l'activité

Partez à la recherche des animaux. Vous apercevrez peut-être des rongeurs dans les stations de métro. Un peu partout, les pigeons font la joie des enfants, tout en occasionnant des dégâts avec leurs excréments.

Dans les jardins « naturels », des croassements révèlent parfois la présence de crapauds, tandis que les végétaux attirent une diversité d'insectes et d'oiseaux.

Dans les parcs structurés, canards et cygnes animent les plans d'eau. N'oubliez pas de vous munir de pain rassis lorsque vous partez en promenade, pour leur donner à manger. Quant aux paons, ils font l'admiration des visiteurs avec leur plumage chatoyant qu'ils déploient fièrement en éventail.

Journal de bord

C'est le jour le plus chaud/le plus pluvieux/le plus venté depuis que l'enfant a commencé son journal. Aujourd'hui, il y a moins/plus d'oiseaux sur la mangeoire qu'hier, davantage de fleurs jaunes, davantage de pâquerettes sur la pelouse, davantage d'arbres en fleurs dans le parc...Grâce à son journal de bord l'enfant peut décider d'enregistrer maints détails qui caractérisent le monde qui l'entoure.

3 à 6 ans	
extérieur	✓
nombre d'enfants	illimité
durée	10 minutes ou plus
aide nécessaire	✓
pas salissant	✓

MATÉRIEL

- carnet
- crayon
- boutons ou pièces de monnaie pour compter

déroulement de l'activité

Procurez à l'enfant un carnet que vous remplirez ensemble. Aidez-le à sélectionner les informations à noter, et choisissez des moments propices pour mener cette activité.

Faites les observations ensemble et notez les résultats dans le carnet. Pour compter en balade (les voitures garées dans l'allée, les hirondelles sur le fil électrique, etc.), un moyen simple consiste à avoir des boutons ou des pièces de monnaie dans une poche, et à les glisser dans une autre poche ou un petit sac. De retour à la maison, l'enfant pourra alors compter tranquillement les boutons qu'il a placés dans sa poche ou le sac prévu à cet effet.

Ce que l'enfant apprend

L'enfant apprend à planifier et à mener une activité du début jusqu'à la fin ; à compter ; à observer les détails. Les notes qu'il consigne dans son carnet l'aident à se souvenir de ce qu'il a fait et servent de base aux échanges.

Mangeoire

3 à 6 ans	
intérieur/extérieur	✓
nombre d'enfants	illimité
durée	10 minutes ou plus
aide nécessaire	✓
salissant	fabrication du gâteau

MATÉRIEL

- **mangeoire**
- **nourriture pour animaux**
- **carnet et crayon**
- **pour le gâteau : graines, miettes de pain, graisse, fruits secs, restes de viande, ficelle, pot de yaourt**

Ce que l'enfant apprend

L'enfant apprend à observer attentivement ; à prendre des notes ; à planifier et à mener une activité dans l'ordre qui convient ; à suivre des instructions.

Contrairement aux petits mammifères, qui se cachent le plus souvent, les oiseaux sont faciles à observer. En ville, ils sont habitués aux hommes et tolèrent que ceux-ci s'approchent d'eux.

déroulement de l'activité

NOURRIR LES OISEAUX

Installez une mangeoire à l'extérieur de manière que l'enfant puisse l'observer par la fenêtre. Disposez dessus des aliments variés pour attirer différentes espèces d'oiseaux. Certains se nourrissent de graines, d'autres d'insectes et de vers ; d'autres encore préfèrent de minuscules morceaux de viande. En hiver, les oiseaux ayant besoin de graisse, donnez-leur du saindoux ou un gâteau que vous fabriquerez à leur intention (voir encadré ci-contre).

À Noël, offrez aux oiseaux de la noix de coco (râpée ou en morceaux).

Lorsqu'un enfant en est capable, chargez-le de noter dans un carnet le nombre d'oiseaux présents dans la mangeoire à différents moments de la journée, et ce qu'ils ont mangé.

Le gâteau des oiseaux

Réunissez dans un grand saladier différentes graines, des miettes de pain, de la graisse (saindoux ou Végétaline) coupée en dés, des graines oléagineuses, des fruits secs et de petits morceaux de viande, comme du lard fumé. Laissez l'enfant mélanger les ingrédients.

Faites fondre un peu de graisse jusqu'à ce qu'elle commence à se liquéfier, puis versez-la sur la préparation. Après avoir vérifié que celle-ci n'est pas trop chaude, demandez à l'enfant de la malaxer avec les mains — si vous ne craignez pas qu'il se salisse !

Remplissez un pot de yaourt avec la préparation. Enfoncez une ficelle, et appuyez autour pour l'enfermer, en ajoutant si besoin un peu de préparation. Laissez durcir quelques heures, puis démoulez et suspendez le gâteau par la ficelle. Invitez l'enfant à observer les oiseaux qui viennent le déguster.

Plateau naturel

à partir de 4 ans	
intérieur/extérieur	✓
nombre d'enfants	illimité
durée	30 minutes à 2 heures
aide nécessaire	✓
pas salissant	✓

MATÉRIEL

- plateau pour disposer les objets
- sac pour récolter les objets
- ouvrages de référence
- stylo, crayons à papier et de couleur
- papier
- ruban adhésif
- enveloppe pour transporter les dessins d'écorce

Ce que l'enfant apprend

Cette activité simple offre de nombreuses possibilités d'apprentissage : les enfants s'exercent à tenir un crayon, à nommer les objets, à lire et à écrire. Ils découvrent les joies de la nature et comprennent l'intérêt des livres, qui contiennent des informations utiles.

Les enfants ramassent volontiers ce qu'ils trouvent sur leur chemin en promenade. Glissez un sac en plastique dans votre poche avant de quitter la maison, pour rapporter ces précieux trésors. De retour chez vous, vous les aiderez à les disposer sur un plateau, à les identifier et à écrire leur nom sur des étiquettes.

déroulement de l'activité

COLLECTE DE SPÉCIMENS

Invitez l'enfant à ramasser des feuilles, des pommes de pin, des graines, des fruits, des fleurs tombées à terre (ne les cueillez pas dans les jardins publics).

Rassemblez les trouvailles dans un sac en plastique pour les rapporter à la maison.

Disposez-les sur un plateau, sur une étagère ou dans une corbeille.

Identifiez chaque spécimen, si besoin à l'aide de livres de référence.

Aidez l'enfant à écrire les étiquettes s'il en est capable. Sinon, indiquez vous-même le nom et la date. L'enfant pourra essayer d'imiter votre écriture en dessous.

Dessins d'écorce

Avant de partir en promenade, prenez quelques feuilles de papier, du ruban adhésif et un crayon à papier gras ou un crayon à la cire. Laissez l'enfant choisir un arbre et collez une feuille de papier sur le tronc à sa hauteur. Invitez l'enfant à frotter l'écorce avec le crayon. Détachez une feuille de l'arbre pour l'identifier quand vous serez rentré.

Procédez de même sur une autre espèce d'arbre. Glissez les dessins d'écorce dans une enveloppe. L'enfant pourra s'amuser à reproduire de la même manière le dessin des feuilles à la maison.

Traces d'animaux

5-6 ans	
extérieur	✓
nombre d'enfants	illimité
durée	30 minutes à 3 heures
aide nécessaire	✓
pas salissant	✓

MATÉRIEL

- **livre de référence**
- **bandes de carton**
- **agrafes ou trombones**
- **plâtre de Paris**

Ce que l'enfant apprend

L'enfant apprend à observer ; à chercher et à reconnaître les petites différences qui permettent d'identifier ces traces. Cet exercice constitue un bon entraînement à la lecture.

Les meilleurs endroits pour partir à la recherche des traces d'animaux sont les terrains meubles, le bord des rivières, la plage, les endroits marécageux ou enneigés. Il n'est pas nécessaire de vivre à la campagne pour trouver les traces d'animaux, mais elles y sont plus nombreuses. En ville, les traces que vous rencontrerez sont généralement celles des hommes et de leurs animaux domestiques.

déroulement de l'activité

Commencez par chercher les traces de pattes et de pieds les plus évidentes. Celles des hommes, des chevaux, des canards et des bovins sont toutes très différentes. La présence de leurs propriétaires, à proximité, permet généralement de savoir à qui elles appartiennent.

Les traces d'oiseaux sont faciles à repérer sur une plage ou dans la neige, de même que celles des chats et des chiens. Suivez-les. Vous remarquerez

que le dessin change selon le rythme auquel se déplacent les animaux, par exemple lorsque les oiseaux s'envolent ou que les chats bondissent sur un mur.

Sur la plage, observez la différence de vos traces de pieds selon que vous marchez, que vous courez ou que sautez.

Parfois, en suivant des traces, vous trouverez d'autres indices du passage des animaux : branches cassées, herbe écrasée, poils pris dans une branche.

Des traces dans un terrain boueux invitent à revenir à la tombée de la nuit pour surprendre les animaux, etc.

Réalisez des moulages en plâtre des traces (voir encadré ci-contre), puis essayez de les identifier, si besoin à l'aide de livres de référence.

Moulage en plâtre d'une trace d'animal

Retirez la terre, les feuilles ou les brindilles autour de la trace. Le sol doit être sec pour que le moulage prenne.

Prenez des bandes de carton de 5 cm de largeur, et assemblez-les autour de la trace avec des agrafes ou des trombones pour former un cadre.

Mélangez le plâtre de Paris avec de l'eau de manière à obtenir une pâte épaisse.

Versez soigneusement la préparation dans la trace et le cadre en carton sur 1 cm de profondeur.

Laissez durcir environ 2 heures.

Retirez le cadre en carton et soulevez délicatement le moulage.

quel temps

fait-il ?

Promenade dans le vent

à partir de 2 ans	
extérieur	✓
nombre d'enfants	illimité
durée	selon l'envie des enfants
aide nécessaire	✓
pas salissant	✓

MATÉRIEL

- du vent !
- papier
- ballon gonflable et riz
- cerf-volant
- objets tels que des bouchons, des vis et du papier de soie

Ce que l'enfant apprend

L'enfant découvre la loi de cause à effet, il apprend à observer, en étant attentif aux détails. Des expériences comme celles-ci offrent aussi des possibilités d'échanges, et servent de prétextes à des réalisations manuelles.

Le vent stimule l'intérêt des enfants et favorise les apprentissages ; vous remarquerez qu'ils n'ont pas besoin d'encouragements. Le vent modifie l'aspect de leur environnement, leur offrant des nouveautés à voir et à faire ou à écouter.
Les jeunes enfants conservant mal la chaleur de leur corps, évitez toutefois de rester trop longtemps à l'extérieur par temps humide ou froid.

déroulement de l'activité

Qu'est-ce qui vole ? Un avion en papier peut voler sans vent, mais il réalise des prouesses un jour de vent. Pour fabriquer un avion en papier, reportez-vous à la page 167.

Un ballon gonflable décrit des mouvements saccadés sous l'effet du vent (attachez-le à l'enfant pour éviter qu'il s'envole). En ajoutant du riz dans le ballon avant de le gonfler, vous modifiez la manière dont il bouge.

Un cerf-volant est difficile à contrôler pour un jeune enfant, mais il peut le tenir un peu une fois que vous l'avez lancé.

Observez les ondulations de l'eau provoquées par le vent à la surface d'un bassin ou même d'une flaque d'eau.

Fabriquez un bateau en papier (voir encadré ci-contre) et regardez-le naviguer.

Sur la plage, observez l'écume à la crête des vagues.
Expérimentez différents objets pour voir ceux qui s'envolent : morceaux de papier de soie, papiers de bonbons, papier d'aluminium, plumes, assiettes et verres en carton, ou des objets plus lourds tels que des bouchons, des vis ou des balles. Est-ce que la forme importe ?
Cherchez des girouettes. Si vous vivez près d'un aéroport, repérez un manchon à vent, puis essayez d'en fabriquer un.

Écoutez les bruits provoqués par le vent : le linge qui claque sur le fil, les feuilles qui bruissent dans les arbres, les battants du portail qui cognent, le sifflement du vent près des constructions.

Choisissez un endroit où l'enfant peut tendre ses bras à l'horizontale et tentez d'« attraper » le vent. Ce sera plus facile avec un large imperméable qu'il refermera sur lui.

Par vent très fort, montez en haut d'une colline et essayez de rester immobile.

Fabriquez un bateau en papier en suivant les instructions ci-contre. Laissez-le flotter dans un bassin ou sur une flaque d'eau, et observez l'effet du vent.

Un bateau en papier

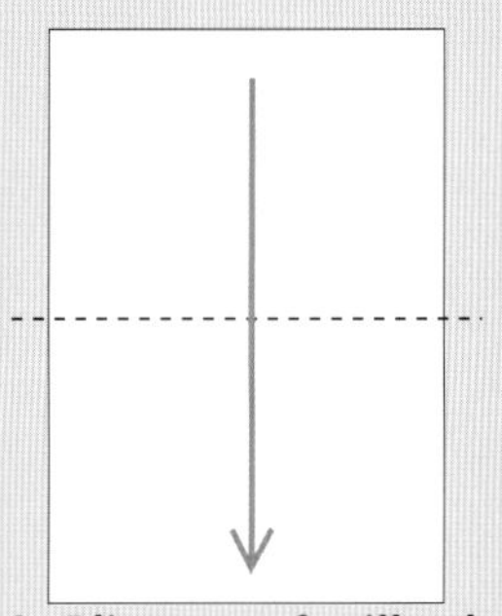

1. Pliez une feuille de papier en deux dans le sens de la largeur.

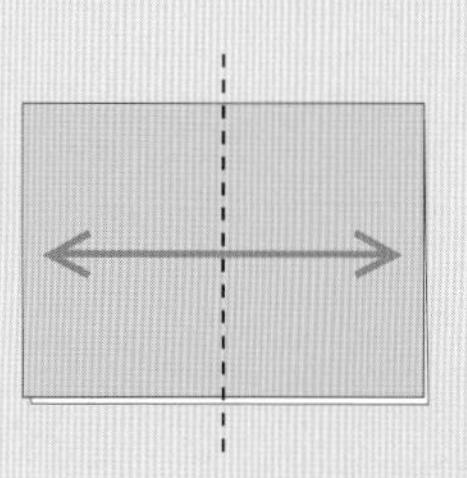

2. Pliez-la de nouveau en deux, puis dépliez-la.

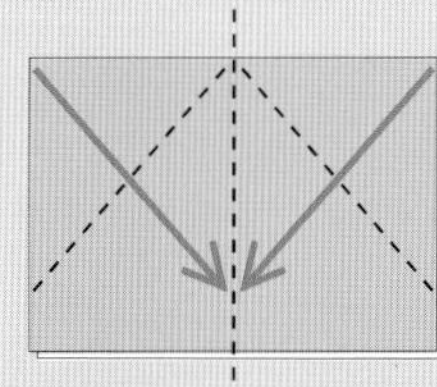

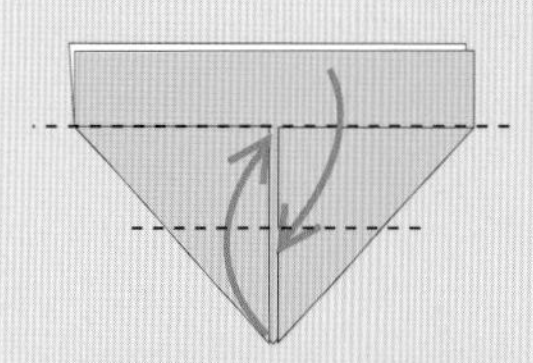

3. Repliez les angles supérieurs sur le pli central, puis faites pivoter de 180°. Rabattez les deux bandes supérieures pour former un triangle, que vous écarterez jusqu'à obtenir un losange. Rabattez les pointes et recommencez. Puis, écartez les pointes du losange.

Mesurer la force du vent

à partir de 3-4 ans	
extérieur	✓
nombre d'enfants	illimité
durée	10 minutes ou plus
aide nécessaire	✓
pas salissant	✓

MATÉRIEL

- échelle pour mesurer la force du vent
- boussole
- morceau de plastique et poteau

Ce que l'enfant apprend

L'observation est à la base de nombreux apprentissages, dont celui de la lecture qui se réalise à travers l'attention aux détails. Se familiariser avec des notions comme « plus » et « moins » favorise l'apprentissage des mathématiques.

S'il est impossible de voir le vent, il est facile de constater ses effets. Pour mesurer sa force, les marins disposent d'une échelle, l'échelle de Beaufort, fondée sur l'observation des effets du vent sur la mer. Si vous vivez au bord de la mer, vous pouvez utiliser une échelle identique. Sinon, vous pouvez observer avec l'enfant la manière dont le vent déplace certaines plantes dans le jardin pour essayer de déterminer sa force.

déroulement de l'activité

Voici quelques indices pour préciser la force du vent : une force 6 renverse presque un enfant, tandis qu'une force 1 n'incline même pas les brins d'herbe. Une force 2 agite les feuilles les plus légères, une force 3 fait bouger toutes les feuilles, une force 4 secoue les plantes entières; une force 5 renverse complètement les plantes et secoue les branches des arbres. Amusez-vous avec l'enfant à mesurer le vent en observant votre environnement.

Pour trouver la direction du vent, il suffit de mouiller son doigt, puis de le lever. Le vent refroidit le doigt du côté où il vient en entrant en contact avec la surface humide. Mais de quelle direction vient-il, du nord, du sud, de l'est ou de l'ouest? Vous pouvez le savoir d'après l'orientation de votre maison ou d'après l'endroit où le soleil se couche. Vous pouvez aussi vous procurer une boussole. Montrez à l'enfant les quatre directions cardinales à plusieurs endroits.

Un morceau de plastique attaché à un poteau servira de manchon à air pour indiquer la direction du vent. Placez-le dans un endroit exposé aux vents venant de toutes les directions.

Collage pour jour de vent

Qu'il est bon, au retour d'une promenade ventée, de se réconforter avec une boisson chaude, en bavardant tranquillement et en échangeant des câlins. En parlant de la promenade, vous élargirez le vocabulaire de votre enfant et activerez sa mémoire. La fabrication d'un collage, activité calme, permettra d'en garder un souvenir. Cet exercice peut être partagé par deux enfants.

déroulement de l'activité

Le collage consiste à reconstituer la promenade sur un grand morceau de papier épais ou de carton. Encollez la surface pour les jeunes enfants qui pourront placer ensuite les objets dessus. Les plus âgés appliqueront la colle eux-mêmes.

Pour représenter le ciel, collez des nuages en coton hydrophile sur un fond bleu.

Un cerf-volant peut être confectionné en papier avec une longue ficelle. Fixez une partie de la queue et laissez l'autre pendre.

Vous pouvez réaliser des imperméables avec des morceaux de plastique, un fil à linge avec de la ficelle et des déchets de tissu.

Pour figurer un feu, prenez des bâtons d'Esquimau ou des cure-dents, du papier rouge et du coton hydrophile pour la fumée.

Collez des photos d'enfants sur le tableau.

Représentez le sol avec des feuilles mortes, les arbres avec de la laine, des brindilles et des feuilles.

Vous pouvez ajouter les détails avec des crayons-feutres ou des crayons de couleur.

à partir de 2 ans	
intérieur	✓
nombre d'enfants	1 ou 2 enfants (travaillant ensemble ou séparément)
durée	2 à 3 heures de fabrication
aide nécessaire	✓
salissant	✓

MATÉRIEL

- **papier épais ou carton**
- **colle et pinceaux**
- **photos de jeunes enfants**
- **matériaux à coller: coton hydrophile, ficelle, plastique, bâtons, tissu, bâtonnets d'Esquimau, cure-dents, laine, feuilles**
- **crayons-feutres ou crayons de couleur**

Ce que l'enfant apprend

Cette activité développe la coordination œil-main, la créativité et la psychomotricité fine. Elle favorise aussi la confiance en soi.

Carillon

à partir de 4 ans pour fabriquer avec de l'aide	
à partir de 2 ans pour jouer avec le carillon	
intérieur/extérieur	✓
nombre d'enfants	1
durée	environ 2 heures
aide nécessaire	✓
salissant	✓

MATÉRIEL

- 5 petits morceaux de bambou (de longueurs et d'épaisseurs variées)
- aiguille à tricoter ou tire-bouchon
- perceuse
- papier de verre
- peinture et vernis
- ficelle et passe-lacet
- dessous de carafe

Ce que l'enfant apprend

L'enfant apprend à mener à bien un projet difficile ; à respecter des consignes (capacité essentielle pour le travail scolaire) et à participer à une activité collective (atout également précieux pour l'école).

Les carillons produisent de la musique lorsque le vent les agite, et ils égrènent aussi leurs sons lorsqu'on les frôle. Vous en trouverez dans le commerce, mais vous pouvez en fabriquer facilement avec de simples tiges de bambou évidées.

déroulement de l'activité

Préparez les tiges : coupez-les en morceaux de longueurs légèrement différentes, à environ 10 cm au-dessus d'un nœud. Videz l'intérieur avec une aiguille à tricoter ou un tire-bouchon. Transpercez les morceaux à angle droit, en haut, avec la perceuse, et faites cinq trous dans le dessous de carafe, un dans chaque angle et un au centre. Vous devrez effectuer ces tâches pour les plus jeunes, mais pourrez laisser participer les enfants de 4 à 6 ans.

Poncez les morceaux de bambou avec du papier de verre (faites-vous aider par les jeunes enfants), puis peignez-les. Déposez un peu de peinture dans un pot pour l'enfant. Si le carillon est destiné à l'extérieur, protégez chaque morceau de bambou avec du vernis à séchage rapide.

Enfilez un bout de ficelle dans chacun des bambous en passant par les trous que vous avez perforés. Un enfant peut effectuer facilement cette tâche à l'aide d'un passe-lacet.

Glissez les deux extrémités de la ficelle d'un bambou dans un trou du dessous de carafe et faites un nœud. Procédez de même pour chaque morceau de bambou. Attachez une seconde ficelle au trou du milieu, en formant une boucle au-dessus du

dessous de carafe, pour suspendre le carillon.

Placez le carillon dans un endroit exposé au vent, et où l'enfant pourra le toucher avec sa main ou un bâton en passant. Il suffit de l'effleurer pour l'entendre carillonner.

Donnez à l'enfant un chronomètre et invitez-le à mesurer la durée du son consécutif à un contact bref, à un geste lent et doux, ou à un coup fort et sec.

Parachutes

à partir de 2 ans	
intérieur/extérieur	✓
nombre d'enfants	illimité
durée	10 à 15 minutes de fabrication
aide nécessaire	✓
pas salissant	✓

MATÉRIEL

- **carrés de papier de soie, de plastique et de papier d'aluminium**
- **morceaux de fil de 25 cm de long**
- **ruban adhésif**
- **Patafix**
- **ciseaux**
- **aiguille**
- **bougie chauffe-plat**
- **verre en plastique transparent**

Ce que l'enfant apprend

La fabrication et le lancement du parachute développent la coordination œil-main. Cette expérience illustre des principes scientifiques simples. L'enfant découvre que le vent peut modifier certaines formes.

ATTENTION
Surveillez attentivement : les enfants effectuant des expériences depuis les fenêtres situées à l'étage.

Quoi de plus magique que de regarder un parachute descendre vers la terre, surtout un jour de vent ? Il est encore plus fascinant de fabriquer un ballon à air chaud miniature, mais soyez vigilant, car cette expérience implique l'emploi d'une bougie.

déroulement de l'activité

FABRICATION D'UN PARACHUTE

Prenez un carré de papier de soie ou de plastique (les enfants préfèrent généralement le plastique) et quatre morceaux de fil. Scotchez un morceau de fil à chaque angle du papier de soie ou du morceau de plastique.

Collez les extrémités des fils entre elles avec un petit bout de Patafix.

Laissez tomber le parachute d'une fenêtre située à l'étage. En fabriquant deux parachutes, vous pourrez observer ce qui se passe si vous faites un petit trou au centre de l'un des deux avec une aiguille : l'air s'échappe et la descente est plus régulière.

Les parachutes n'auront pas une longue durée de vie. Mais ils sont si faciles à fabriquer que vous pourrez recommencer dès qu'il y aura du vent.

FABRICATION D'UN BALLON À AIR CHAUD

Vous pouvez fabriquer un ballon à air chaud de la même manière, mais en remplaçant le plastique ou le papier de soie par du papier d'aluminium. Prenez des fils un peu plus courts que pour le parachute et enroulez-les autour des angles du papier d'aluminium. Fixez les autres extrémités en haut d'un verre en plastique avec du ruban adhésif. Collez une bougie avec de la Patafix au fond du verre.

Allumez la bougie et laissez tomber le ballon d'une certaine hauteur (cette opération doit être effectuée par un adulte). Le ballon monte à mesure que s'élève l'air chaud de la bougie.

Arbre à vœux

En été, les enfants japonais formulent des vœux pour l'avenir avec leurs parents. Ils les écrivent sur des rubans qu'ils suspendent dans « l'arbre à vœux ». Cette activité est tout indiquée un jour de beau temps, par exemple pour animer une fête d'anniversaire. L'arbre peut aussi être décoré comme un sapin de Noël.

à partir de 2 ans	
extérieur	✓
nombre d'enfants	illimité
durée	selon le désir des enfants
aide nécessaire	✓
pas salissant	✓

MATÉRIEL

- **rubans blancs, bandes de coton blanc coupées dans un drap usagé ou étiquettes à colis**
- **crayons-feutres**
- **arbre aux branches basses (ou bosquet de bambou)**

déroulement de l'activité

Donnez à chaque enfant un stylo-feutre et des rubans blancs, des bandes de coton blanc ou des étiquettes à colis. Invitez-les à écrire leurs vœux pour l'année à venir. Les plus âgés pourront écrire eux-mêmes, les plus jeunes dessineront.

Choisissez un arbre aux branches suffisamment basses. Nouez les rubans aux branches de l'arbre, où ils bougeront avec le vent. Lorsque tous les rubans sont en place, les enfants peuvent former une ronde autour de l'arbre en entonnant une chanson poétique comme « Nous n'irons plus au bois ».

Nous n'irons plus au bois, les lauriers sont coupés
La belle que voilà la laiss'rons nous danser ?

REFRAIN

Entrez dans la danse, voyez comme on danse,
Sautez, dansez, embrassez qui vous voudrez.

CHAQUE COUPLET REPREND D'ABORD LE DERNIER VERS DU COUPLET PRÉCÉDENT.

Et les lauriers des bois les laiss'rons nous faner ?

Non chacune à son tour ira les ramasser

Si la cigale y dort, ne faut pas la blesser.

Le chant du rossignol la viendra réveiller

Et aussi la fauvette avec son doux gosier.

Et Jeanne la bergère avec son blanc panier

Allant cueillir la fraise et la fleur d'églantier.

Cigale, ma cigale, allons il faut chanter

Car les lauriers du bois sont déjà repoussés.

Ce que l'enfant apprend

Cette activité simple apprend aux enfants à jouer ensemble ; à tenir un stylo et à écrire ; à envisager l'avenir. Elle favorise la socialisation et offre un bon sujet d'échanges.

Jeux de bulles

à partir de 2 ans	
intérieur/extérieur	✓
nombre d'enfants	illimité
durée	5 minutes à 1 heure
aide nécessaire	pour préparer le mélange
salissant	✓

MATÉRIEL

- tubes à bulles
- vieille théière, saladier et pailles
- bain moussant
- liquide à vaisselle
- bassine, pataugeoire (facultatif) et tuyau d'arrosage
- savon
- gouache liquide et papier
- tube en carton d'un rouleau d'essuie-tout ou de papier toilette
- matériau absorbant tel que Rufflette (ruban fronceur pour rideaux)
- bâtonnets en bois

Ce que l'enfant apprend

Ces expériences procurent à l'enfant satisfaction et confiance en soi. La maîtrise de la respiration constitue un entraînement pour chanter et parler.

Les bulles revêtent un attrait magique pour les jeunes enfants. Elles flottent dans l'air, brillent et réfléchissent les couleurs, se collent les unes aux autres, changent de forme... avant d'éclater et de disparaître.

déroulement de l'activité

JOUER AVEC LES BULLES

Les tubes munis d'anneaux pour faire des bulles se vendent dans les bazars et magasins de jouets. Une fois vides, vous pouvez les remplir avec un mélange de liquide à vaisselle et d'eau. Laissez les enfants faire leurs bulles eux-mêmes (même si vous devez tenir le tube).

Remplissez une vieille théière d'eau assaisonnée de liquide à vaisselle, et invitez les enfants à souffler dans l'eau avec une paille par le bec. Observez les bulles qui s'agglutinent au bord.

Ajoutez un liquide moussant dans l'eau du bain et amusez-vous à fabriquer des « gants » de mousse ou n'importe quelle forme pour l'enfant.

Par beau temps, dans le jardin, versez du liquide vaisselle ou du bain moussant dans une bassine ou une pataugeoire. Remplissez-la d'eau avec le tuyau d'arrosage réglé sur la pression maximale. La mousse de bulles obtenue servira à façonner des formes temporaires, comme des maisons dont les murs s'écroulent, avant de disparaître.

PEINDRE AVEC DES BULLES

Versez de l'eau et du liquide à vaisselle dans une bassine. Ajoutez un peu de gouache et donnez des pailles aux enfants pour former des bulles.

Couvrez la bassine avec une feuille de papier (par exemple du papier journal) ; la feuille doit effleurer les bulles. Retirez-la et laissez-la sécher, les bulles vers le haut. Les bulles éclatent peu à peu, en laissant des cercles qui se chevauchent. Vous pouvez fabriquer ainsi un joli papier d'emballage.

BULLES GÉANTES

Réunissez un saladier rempli d'eau, un morceau de savon et un tube en carton – celui d'un rouleau d'essuie-tout ou de papier toilette –, ou enroulez un journal et collez-le avec du ruban adhésif. Plongez l'extrémité du tube dans l'eau, puis frottez-la contre le savon jusqu'à ce qu'elle se recouvre d'une pellicule de savon.Si besoin, répétez l'opération. Soufflez doucement dans le tube jusqu'à la formation d'une grosse bulle. Avec de la pratique, vous obtiendrez des bulles énormes.

Un autre moyen de fabriquer des bulles géantes consiste à former une boucle d'environ 25 cm de diamètre avec un matériau absorbant comme la Rufflette. Formez deux petites boucles dans la Rufflette, espacées d'environ un tiers de la circonférence. Glissez un bâtonnet dans chaque boucle.

Dans une bassine, préparez une solution avec une part de liquide à vaisselle pour cinq ou six d'eau (les liquides à vaisselle ne sont pas tous aussi concentrés). Plongez l'ensemble de la Rufflette dans le liquide, en la tenant par les bâtonnets, et laissez-la absorber le liquide. Soulevez délicatement la Rufflette en écartant les bâtonnets. Vous obtenez un grand film transparent en travers de la boucle. Laissez-le bouger délicatement dans le vent pour obtenir une bulle géante.

Projections d'eau

à partir de 2 ans	
intérieur/extérieur	✓
nombre d'enfants	plusieurs (mais pas trop !)
durée	brève préparation 30 minutes de jeu
aide nécessaire	pour la préparation
salissant	✓

MATÉRIEL

- pots d'eau
- pinceaux
- colorant (facultatif)
- support pouvant recevoir des gouttes d'eau (papier, mur, fenêtre, par exemple)

Ce que l'enfant apprend

L'enfant découvre la manière dont l'eau bouge sur une surface. L'activité favorise aussi la coordination œil-main. Elle peut être très amusante lorsque plusieurs enfants y participent et par temps chaud. Ces moments de partage joyeux permettent de tisser des amitiés et favorisent la socialisation.

Pour cette activité, vous choisirez la salle de bains ou la cuisine ou, mieux encore, la terrasse ou les allées du jardin. Elle peut être calme avec un seul enfant et un petit pinceau, ou prendre une tout autre dimension avec plusieurs enfants, un seau d'eau et de gros pinceaux.

déroulement de l'activité

Choisissez un support pouvant recevoir des projections d'eau : feuille de papier, set de table en plastique, surface carrelée, table de la cuisine ou, mieux, une grande fenêtre. Un jour de beau temps, il sera plus facile, et moins salissant, d'asperger l'eau sur l'extérieur de la fenêtre. Une clôture, un dallage ou un mur peuvent également recevoir les projections d'eau.

Fournissez aux enfants de l'eau et des pinceaux – petits pour l'intérieur, gros pour l'extérieur. Vous pouvez ajouter des colorants dans l'eau pour créer des effets plus impressionnants.

Plongez le pinceau dans l'eau, inclinez bien les poils mouillés d'un côté à l'aide d'un doigt, puis lâchez-les.

Vous pouvez aussi vous contenter de secouer le pinceau, ou projeter l'eau sur le support choisi au moyen de gestes saccadés.

Bateaux sur l'eau...

à partir de 2 ans	
intérieur/extérieur	✓
nombre d'enfants	illimité
durée	30 minutes à une demi-journée
aide nécessaire	✓
salissant	✓

MATÉRIEL

- flaque d'eau ou bassine
- bristol de couleur pour les voiles
- gommettes et crayons-feutres (facultatif)
- pots de yaourt
- baguettes de mikado pour les mâts
- ciseaux
- Patafix
- bouchons ou petits cailloux

L'eau est faite pour les bateaux ! Rien ne peut faire plus plaisir à l'enfant que de fabriquer lui-même ses bateaux qu'il fera flotter avec ceux de son copain. Si le temps ne permet pas de jouer à l'extérieur, il suffit de remplir une bassine d'eau à l'intérieur.

déroulement de l'activité

Découpez une voile dans le bristol (décorez-la avec des gommettes ou dessinez des motifs dessus).

Percez la voile en haut et en bas, puis glissez le mât dans les trous.

Fixez le mât à l'intérieur du pot de yaourt avec de la Patafix, puis déposez un bouchon ou un caillou au fond du bateau pour le lester. Les navires sont prêts pour leur premier voyage !

Ce que l'enfant apprend

L'enfant joue avec des objets qu'il a fabriqués lui-même. Cette activité développe la coordination œil-main. Il découvre que certains matériaux coulent dans l'eau, tandis que d'autres flottent.

Fabriquer un pluviomètre

à partir de 4 ans	
intérieur/extérieur	✓
nombre d'enfants	1 à 3
durée	30 minutes à une demi-journée
aide nécessaire	✓
salissant	✓

MATÉRIEL

- pluie
- grand plat à four
- poche à douille
- gommettes et crayons-feutres (facultatif)
- entonnoir
- verre doseur ou biberon
- papier et stylo

Ce que l'enfant apprend

Mesurer et prendre des notes constitue un excellent entraînement pour l'apprenti météorologue. L'observation développe l'attention aux détails, capacité essentielle pour l'apprentissage de la lecture. Cette activité familiarise aussi l'enfant avec les nombres et le calcul.

Pour obtenir des mesures précises, les météorologues récoltent la pluie dans un large contenant et ils la versent ensuite dans un tube étroit, ce qui amplifie la profondeur.

déroulement de l'activité

Récupérez l'eau de pluie dans un grand plat à four. Récupérez l'eau du plat avec une poche à douille, puis versez-la dans un verre gradué ou un biberon – si besoin à l'aide d'un entonnoir.

Notez la quantité d'eau récoltée sur un carnet ou une carte du temps (voir page 116).

A-t-il plu davantage le matin que l'après-midi ? Quelle a été la journée la plus pluvieuse depuis que l'enfant a commencé à noter ses observations ?

Jolies gouttes de pluie

Un jour de pluie, lorsque les enfants sont enfermés dans la maison, pourquoi ne pas s'amuser à observer les gouttes sur les vitres ? Que va faire celle-ci ? Va-t-elle descendre tout droit, ou en zigzag ? Va-t-elle glisser jusqu'en bas, ou s'arrêter à mi-chemin ? Cette activité propice aux paris familiarisera les enfants avec les chiffres et les additions simples.

à partir de 3 ans	
intérieur	✓
nombre d'enfants	1 ou 2
durée	10 à 30 minutes
aide nécessaire	✓
pas salissant	✓

MATÉRIEL
- **une fenêtre devant laquelle l'enfant peut se tenir debout ou assis**
- **pluie**
- **boutons ou cure-dents pour les paris**

déroulement de l'activité

Regardez les gouttes de pluie descendre une à une le long de la vitre.

Choisissez-en deux et observez celle qui descend le plus rapidement, atteint le point le plus bas ou disparaît le plus vite.

Pour faire des paris, les enfants doivent sélectionner leurs gouttes. À la fin de chaque tour, ils s'amuseront à compter le nombre de points obtenus pour déterminer le gagnant.

Notez la manière dont tombent les gouttes sur les différentes fenêtres de la maison. Comment se comportent-elles lorsque la pluie frappe les vitres en oblique ? Lorsque la pluie tombe tout droit ?

Ce que l'enfant apprend

L'enfant développe son sens de l'observation. Il apprend à prêter attention aux détails et à anticiper. Les paris l'entraînent au calcul.

Carte du temps

à partir de 2 ans	
intérieur/extérieur	✓
nombre d'enfants	1 ou 2
durée	1 heure pour fabriquer la carte, 10 minutes à 1 heure chaque jour pour noter les informations
aide nécessaire	✓
salissant	✓

MATÉRIEL

- **bristol, règle, stylo et Patafix pour la carte**
- **gommettes de symboles météorologiques**
- **thermomètre extérieur avec de grands chiffres**
- **pluviomètre (voir page 114)**

Ce que l'enfant apprend

L'enfant développe son sens de l'observation. Il apprend à compter, à mesurer, à noter des informations. À prendre des décisions (souvent difficile pour les plus jeunes). Il s'initie aux ordres de grandeur : un peu de pluie, plus de pluie, beaucoup de pluie, par exemple.

Qu'il pleuve, qu'il vente, ou que le soleil brille, le météorologue est à son poste. S'il ne peut pas vous donner les prévisions pour le lendemain, il observe les manifestations du temps et les note en détail.

déroulement de l'activité

FABRIQUER UNE CARTE DU TEMPS

Pour un jeune enfant (2 à 3 ans), une carte couvrant une semaine est suffisante. Mais un enfant plus âgé (4 ans ou plus) pourra enregistrer les informations pendant un mois. Choisissez au départ les renseignements que vous souhaitez noter chaque jour.

Pour fabriquer la carte, prenez une grande feuille de bristol et tracez pour chaque jour des cases correspondant aux informations à consigner. Écrivez le jour et la date en haut des cases. L'enfant peut dessiner lui-même les symboles représentant les informations choisies.

Fixez la carte sur un mur à une hauteur accessible pour l'enfant : une activité comme celle-ci, qui s'étend dans la durée, doit être bien en vue pour stimuler l'intérêt de l'enfant.

ENREGISTRER LA TEMPÉRATURE ET LA QUANTITÉ DE PLUIE

Prendre et noter la température est un peu difficile pour un enfant de 2 ou 3 ans, mais un enfant de 4 ans y parviendra avec de l'aide.

Procurez-vous un thermomètre à gros chiffres, prévu pour l'extérieur. Un enfant motivé de 6 ans appréciera un thermomètre à minima et à maxima, surtout s'il aime enregistrer les données et les chiffres.

Si vous avez fabriqué un pluviomètre (voir page 114), l'enfant pourra enregistrer la quantité de pluie tombée. Notez vous-même les informations sur la carte, ou chargez les plus grands de cette tâche.

Préparer les symboles

La manière la plus simple de noter les informations météorologiques consiste à utiliser des symboles. Prévoyez-en pour le soleil, le vent, la pluie, le brouillard, pour la neige et les gelées en hiver. Vous pouvez préparer ces symboles avec l'ordinateur et les imprimer sur des étiquettes, ou inviter l'enfant à les dessiner sur du papier adhésif de couleur : bleu pour la pluie, jaune pour le soleil, blanc pour la neige, noir pour les nuages, etc.

L'enfant pourra ainsi coller chaque jour les symboles appropriés – éventuellement plusieurs lorsque le temps a changé dans la même journée. Déterminez la manière dont vous allez noter la force du vent ou la quantité de soleil. Vous pouvez utiliser par exemple une moitié de soleil dans le cas d'une journée peu ensoleillée.

Arcs-en-ciel

2 à 6 ans	
intérieur/extérieur	✓
nombre d'enfants	illimité
durée	30 minutes à 1 heure
aide nécessaire	✓
salissant	✓

MATÉRIEL

- du soleil !
- crayons-feutres ou crayons de couleur
- papier
- tuyau avec réglage pour pulvérisation
- pots d'eau, de peinture à l'eau rouge, jaune et bleu foncé, pinceau pour chaque pot
- filtres à café (ou papier buvard) et porte-filtre, encre soluble à l'eau, colorants ou marqueurs rouge, jaune et bleu solubles à l'eau pour le mobile
- compte-gouttes, pinceau rigide et cure-dent
- rouleau d'essuie-tout, tablier, chiffons et protection pour le sol

Ce que l'enfant apprend

L'enfant apprend à mélanger les couleurs et il découvre les effets produits par les mélanges.
Cette activité développe le sens de l'observation et le goût de l'expression artistique.
Elle favorise la maîtrise du crayon et du pinceau, ainsi que la coordination œil-main.

Un arc-en-ciel apparaît lorsque le soleil brille à travers les gouttes de pluie, qui réfléchissent alors les couleurs du spectre. L'arc-en-ciel se forme toujours du côté opposé au soleil. Les jeunes enfants comme les plus âgés aiment peindre des arcs-en-ciel, mais veillez à bien protéger leurs vêtements ainsi que le plan de travail, car même les couleurs solubles à l'eau sont parfois difficiles à retirer.

déroulement de l'activité

JOUER AVEC LES ARCS-EN-CIEL

Dessinez un arc-en-ciel, en respectant l'ordre des couleurs : rouge (à l'extérieur), orangé, jaune, vert, bleu, indigo, violet (à l'intérieur).

Lorsque le soleil brille, tournez le dos au soleil avec l'enfant, et laissez couler l'eau d'un tuyau d'arrosage en pluie fine. Observez les arcs-en-ciel qui se forment.

Prenez une feuille de papier absorbant, un pot d'eau et des pots de peinture rouge, jaune et bleu foncé.

Mouillez uniformément le papier avec de l'eau propre. Montrez à l'enfant comment former des arcs de couleur en commençant par le rouge, puis le jaune, puis le bleu. Laissez un peu d'espace entre les couleurs pour que l'enfant puisse les mélanger et reconstituer ainsi celles de l'arc-en-ciel.

MOBILE D'ARCS-EN-CIEL

Placez un filtre à café (ou du papier buvard) dans un porte-filtre. Mouillez le filtre en versant un peu d'eau dedans. Préparez trois bouteilles d'encre soluble à l'eau ou de colorant – rouge, jaune, bleu.

Déposez quelques gouttes de chaque couleur sur le filtre (avec un compte-gouttes, pour plus de commodité). Les trois couleurs vont se mélanger en s'étalant sur le papier humide.

Invitez l'enfant à observer ce qui se passe. À la jonction du rouge et du jaune se forme du orange ; à celle du bleu et du jaune, du vert ; à celle du bleu et du rouge, du violet. Les trois couleurs, en se fondant, produisent du marron et du noir.

Si vous ne craignez pas les activités salissantes, projetez les trois couleurs sur du papier buvard humide : plongez un petit pinceau rigide dans l'encre, recourbez les poils vers l'arrière avec un doigt ou un cure-dent, puis laissez-les reprendre leur place en les dirigeant vers le papier.

Pour limiter les dégâts au minimum, invitez l'enfant à dessiner un arc-en-ciel sur les filtres secs avec des marqueurs solubles à l'eau. Mouillez ensuite les filtres avec un compte-gouttes. Cet exercice convient mieux aux jeunes enfants.

Encore moins salissant : posez des marqueurs solubles à l'eau contre le filtre humide, et laissez la couleur des marqueurs imprégner le papier.

Lorsque l'enfant a terminé, laissez sécher les filtres, puis suspendez-les sur une ficelle pour créer un mobile d'arcs-en-ciel.

Promenade sous la pluie

à partir de 2 ans	
nombre d'enfants	illimité
durée	1 à 2 heures
aide nécessaire	surveillance
salissant	humide

MATÉRIEL

- **pluie**
- **imperméables, bottes et parapluies**

Ce que l'enfant apprend

Cette promenade développe le sens de l'observation chez l'enfant. Elle l'incite à raconter des histoires et active sa mémoire.

Un jour de pluie, lorsque les enfants sont agités ou manquent de motivation, pourquoi ne pas abandonner le dessin et la peinture pour braver courageusement le mauvais temps ? Pourvus de l'équipement adéquat, les enfants aiment généralement se promener sous la pluie.

déroulement de l'activité

Cherchez des flaques d'eau. Sautez dedans, pataugez, agitez l'eau avec des bâtons pour observer la manière dont elle bouge.

Jetez dans les flaques des feuilles, des morceaux de bois ou du papier, puis sautez de nouveau dedans. Que se passe-t-il ?

Cherchez un terrain boueux et invitez l'enfant à regarder le mouvement de la boue autour de ses bottes.

Regardez la pluie tomber dans une flaque, sur une mare, dans un lac. Observez les ondulations. Jetez des cailloux et notez la manière dont les ondulations s'agrandissent.

Que font les canards sous la pluie ? Offrez-leur du pain ; ils ne le refuseront pas.

Observez le ciel. Quels aspects présentent les nuages de pluie ? Le ciel est-il différent lorsqu'il pleut et lorsqu'il fait gris ? Décrivez les divers aspects du ciel.

Observez les gouttes d'eau sur les plantes et cherchez les vers à la surface. Voyez-vous d'autres animaux ?

En ville, repérez les endroits où les voitures envoient des projections d'eau. Regardez ce qui se passe lorsqu'elles roulent dans des flaques. Observez l'eau qui coule dans les égouts, les lumières qui se réfléchissent dans l'eau, les gens qui se pressent sous leur parapluie.

Rentrez ensuite vous réchauffer à la maison (ou dans un café) pour parler de vos observations.

Un soleil éblouissant

à partir de 3 ans	
intérieur	✓
nombre d'enfants	1
durée	1 heure à une demi-journée
aide nécessaire	✓
salissant	✓

MATÉRIEL

- papier ou bristol
- stylos-feutres ou peinture à l'eau rouge et jaune
- assiette
- colle
- lentilles corail, paillettes et cure-dents
- colorants rouge et jaune
- déchets de tissu et de laine orange, rouges et jaunes (facultatif)
- ciseaux
- papier noir

Ce que l'enfant apprend

L'enfant apprend à travailler en fonction d'un objectif, et il retire de la satisfaction du résultat obtenu. Cette activité développe la créativité, la maîtrise du crayon et la coordination œil-main.

Le soleil est l'un des sujets favoris des enfants lorsqu'ils dessinent. C'est l'une des premières formes qu'ils sachent représenter à leur manière, et qui soient identifiables.

déroulement de l'activité

Invitez l'enfant à dessiner un soleil; donnez-lui du papier, des stylos-feutres ou de la peinture rouge et jaune.

Pour réaliser un collage, dessinez un grand cercle sur du papier ou du bristol, à l'aide d'une assiette, puis étalez de la colle à l'intérieur. Collez dessus des lentilles corail. Laissez sécher et faites tomber l'excédent. Pour faire briller le soleil, ajoutez quelques paillettes.

Pour former les rayons du soleil, tracez des lignes et collez des paillettes dessus. Une autre possibilité consiste à teindre des cure-dents avec un mélange de colorants rouge et jaune, puis de les coller.

Vous pouvez aussi remplir le centre du soleil de déchets de tissu orange, rouges et jaunes, et tracer les rayons avec des brins de laine.

Pour créer un tableau élaboré, découpez une bande de ciel dans du papier noir et formez le soleil couchant avec de la laine enroulée.

Cadran solaire

Est-ce l'heure du déjeuner ? Bien sûr, la sensation de faim au ventre renseignera l'enfant, mais un jour de soleil, il pourra vérifier l'heure au moyen d'un cadran solaire.

déroulement de l'activité

Choisissez un endroit ensoleillé toute la journée et placez un repère – un pot de fleurs retourné et une tige de bambou introduite par le trou du dessous.

L'enfant devra retourner à cet endroit trois fois dans la journée pour fixer l'heure : au petit déjeuner, au déjeuner et au goûter.

Marquez chaque fois la position de l'ombre du bâton à l'aide de cailloux ou de traces de peinture. Donnez aux repères le nom des repas.

Un autre jour, vérifiez si c'est l'heure du déjeuner : demandez à l'enfant d'observer l'emplacement de l'ombre du bâton par rapport à la marque du déjeuner.

à partir de 2 ans	
extérieur	✓
nombre d'enfants	1
durée	1 heure de préparation ; vérifier l'heure plusieurs fois dans la journée
aide nécessaire	✓
pas salissant	✓

MATÉRIEL
- **endroit ensoleillé**
- **pot de fleurs et bâton pour le repère**
- **peinture ou cailloux pour marquer les ombres**

Ce que l'enfant apprend

Cette expérience scientifique offre à l'enfant l'occasion de poser des questions. Pourquoi l'ombre change-t-elle de position ? Pourquoi est-elle identique tous les jours au même moment ? L'enfant pourra reprendre l'activité des semaines après, en se souvenant l'avoir déjà faite.

Ombres

à partir de 3 ans	
intérieur/extérieur	✓
nombre d'enfants	illimité
durée	de quelques minutes à quelques heures
aide nécessaire	✓
pas salissant	✓

MATÉRIEL

- soleil
- lune
- lampadaires
- torche
- tige de bambou

Ce que l'enfant apprend

Ces expériences scientifiques simples permettent à l'enfant de poser des questions et d'y répondre. Elles développent le sens de l'observation et lui permettent de savoir qu'il est capable de comprendre ce qui se passe.

Les enfants sont fascinés par les ombres, par la manière dont leurs propres ombres les suivent. Lorsque le soleil est haut, les ombres sont courtes ; à la fin de la journée, elles sont beaucoup plus longues. La nuit, les réverbères projettent des ombres ; la lune aussi, parfois.

déroulement de l'activité

Un jour de soleil, invitez l'enfant à danser et à observer son ombre qui bouge avec lui.

Proposez-lui de s'arrêter près d'un plan d'eau calme, avec le soleil derrière lui. Où se trouve son ombre ? Elle n'est pas toujours distincte parce que la surface de l'eau est trop foncée pour la révéler, mais il verra la réflexion de sa silhouette.

À quel moment de la journée son ombre est-elle aussi longue que lui ? Mesurez sa taille avec une tige de bambou. Il pourra la comparer avec celle de son ombre à différents moments de la journée. L'heure où l'ombre correspond à la taille est différente selon les enfants ; elle change selon la hauteur du soleil dans le ciel et en fonction des saisons. Vous pouvez noter vos observations.

En marchant dans la rue la nuit, regardez les ombres s'allonger et rapetisser entre les lampadaires. L'enfant a parfois deux ombres, ou même davantage. Trouvez ce qui produit les ombres et observez la manière dont elles changent.

Une nuit de clair de lune, sortez dans le jardin et essayez de trouver votre ombre lunaire. Dansez avec elle ou imitez les chiens qui hurlent vers la lune.

Allumez une torche derrière l'enfant pour former une grande ombre. Demandez-lui de se tenir face à un mur. Quand la tête de son ombre disparaît-elle en haut du mur ? (La lampe devra sans doute être placée près du sol pour obtenir une ombre longue.)

Essayez de représenter des ombres d'animaux sur le mur. La plus simple est une tête de chien : tendez votre main, tournez-la parallèlement au mur, levez le pouce pour figurer l'oreille du chien, et bougez le petit doigt vers le bas pour ouvrir sa gueule.

L'ombre d'un oiseau est également facile à obtenir. Accrochez les deux pouces ensemble, puis écartez les doigts pour former les ailes. Pour les agiter, levez et baissez les bras.

Pour représenter un renard, pliez le majeur et l'annulaire vers le bas de manière à toucher le pouce. Vous obtenez la gueule. Levez l'index et le petit doigt à la verticale pour former les oreilles.

Tempête de neige

à partir de 2 ans	
intérieur	✓
nombre d'enfants	1
durée	une demi-heure
aide nécessaire	✓
salissant	✓

MATÉRIEL

- bouteilles en plastique ou bocaux en verre
- détergent
- colorant
- eau
- noix de coco râpée ou flocons d'avoine
- décorations de bûche de Noël
- papier d'aluminium (facultatif)
- paillettes
- colle
- glycérine (en vente chez le pharmacien)

Ce que l'enfant apprend

Cette activité très simple amusera beaucoup un jeune enfant. Il retirera une grande satisfaction d'une activité qu'il pourra mener seul d'un bout à l'autre. Les plus jeunes apprécient la version avec paillettes – un beau jouet que pourra leur fabriquer un aîné.

Rien n'est plus féerique que ces jouets traditionnels qu'il suffit de secouer pour voir la neige tomber. Il est possible d'obtenir un effet identique avec des bocaux et des paillettes, ou encore avec une bouteille en plastique et des flocons d'avoine ou de la noix de coco râpée. Lorsque l'eau devient trouble, fabriquez un autre jouet.

déroulement de l'activité

Remplissez d'eau à mi-hauteur une bouteille en plastique ou un bocal, versez quelques gouttes de détergent et un peu de colorant alimentaire. Secouez vigoureusement et invitez l'enfant à regarder les bulles disparaître.

Pour improviser une tempête de neige, versez de l'eau dans une bouteille ou un bocal, puis ajoutez de la noix de coco ou des flocons d'avoine. Pour obtenir une scène de bord de mer, ajoutez des petits poissons en papier d'aluminium.

Pour créer une tempête de neige plus élaborée, collez des décorations de bûche de Noël à l'intérieur du couvercle d'un bocal à ouverture large. Remplissez-le de glycérine et ajoutez des paillettes. Fermez, secouez et admirez la neige.

Scène de neige

Ce tableau en trois dimensions peut remplacer agréablement la peinture ou les collages.

déroulement de l'activité

Un plateau est idéal car il forme un cadre fermé, mais un guéridon conviendra aussi, de même qu'une grande feuille de carton rigide. Si le coton hydrophile semble s'imposer pour la neige, il n'offre pas un support idéal pour les objets que l'enfant disposera. Préférez une feuille de bristol blanc que vous recouvrirez de sucre glace ou de semoule. Ajoutez ensuite des morceaux de coton hydrophile ornés de paillettes.

Concevez une scène quotidienne avec des routes, des étendues d'herbe, des maisons, des voitures, des animaux et des personnages. Utilisez des décorations de Noël, des animaux et personnages en plastique, des figurines en pâte à modeler, des voitures miniatures.

Improvisez une mare gelée avec un miroir. Saupoudrez-la de sucre glace et parsemez sa surface d'aiguilles de pin.

à partir de 3 ans	
intérieur	✓
nombre d'enfants	illimité
durée	environ 1 heure
aide nécessaire	✓
salissant	✓

MATÉRIEL

- **plateau, table ou morceau de carton rigide**
- **bristol blanc, sucre glace ou semoule, coton hydrophile et paillettes pour la neige**
- **décorations de bûche et de sapin de Noël, animaux et personnages en plastique, objets en pâte à modeler, voitures miniatures**
- **miroir et aiguilles de pin pour la mare**

Ce que l'enfant apprend

Cette variante du traditionnel collage a une durée de vie limitée, mais elle est tout indiquée pour le jeune enfant qui ne sait pas encore dessiner. Il obtiendra un tableau très réaliste qui lui procurera un sentiment de satisfaction. Cette activité favorise la coordination œil-main et développe la créativité.

Jour de neige

à partir de 2 ans	
extérieur	✓
nombre d'enfants	illimité
durée	1 heure (jusqu'à ce que les enfants commencent à avoir froid)
aide nécessaire	✓
salissant	✓

MATÉRIEL

- neige
- vêtements chauds et gants imperméables pour les enfants
- carotte, cailloux, écharpe et chapeau pour le bonhomme de neige
- couteau
- loupe
- récipients pour la glace
- nourriture pour les oiseaux

Ce que l'enfant apprend

L'enfant découvre son environnement sous une autre perspective. Ses réalisations dans la neige lui procurent instantanément de la satisfaction. La joie que les enfants partagent dans la neige favorise la socialisation.

Quel bonheur d'apercevoir la première neige de l'année en se levant le matin ! Avant même d'ouvrir les rideaux et de découvrir sa présence, la lumière et les bruits, différents des autres jours, trahissent souvent son arrivée.

déroulement de l'activité

FAITES VOS MARQUES

Invitez l'enfant à marcher dans la neige fraîche et à tomber dedans (s'il est habillé en conséquence), pour qu'il découvre l'empreinte de son corps dans la neige.

Créez un effet de suspense pour ceux qui vous suivront : montrez à l'enfant comment avancer dans la neige fraîche, puis reculer dans les mêmes traces de pieds.

Apprenez-lui à faire des boules de neige. Amusez-vous à les jeter contre un mur.

Commencez par une petite boule de neige, puis roulez-la pour qu'elle grossisse de plus en plus.

Roulez la grosse boule de neige, en laissant une large piste derrière. Animez la piste en écrivant ou en dessinant ce que vous voulez dans la neige. Vous pouvez aussi écrire ou dessiner avec les empreintes de vos pieds.

Construisez un bonhomme de neige. Pour commencer, posez l'une sur l'autre deux grosses boules de neige. Ajoutez ensuite de la neige autour du cou et en bas du bonhomme. Pour terminer le bonhomme, posez une carotte pour le nez, des cailloux pour les yeux, un chapeau et une écharpe.

Si l'enfant aime jouer dans la neige, montrez-lui comment réaliser un lapin, une tortue, un poisson, tout ce qui lui plaît ! Avec un couteau, vous construirez des châteaux, des ours, des chiens, des maisons. La neige est facile à travailler, car elle se façonne aisément, et si vous faites une erreur, vous pouvez la rectifier facilement, ou recommencer.

OBSERVEZ LA NEIGE

Lorsqu'il fait très froid, les flocons de neige sont plus gros et leur forme plus précise. Regardez avec une loupe les flocons qui tombent sur le manteau de l'enfant.

Un soir de grand froid, disposez dehors plusieurs récipients de différentes formes. Le matin, ramassez la glace qui s'est formée à l'intérieur. Avec de la chance, vous la récupérerez sous forme de plaques entières.

Observez les canards qui essaient de se poser sur la mare gelée (prévoyez de la nourriture).

La neige et le froid étant rudes pour les oiseaux, déposez de la graisse sur le pain que vous leur donnez, prévoyez aussi des graines. Fabriquez-leur un gâteau (reportez-vous à la page 95).

Cherchez des stalactites, rapportez-les à la maison et regardez-les fondre.

activités

manuelles

Préparatifs pour la peinture

2 à 6 ans	
intérieur	✓
nombre d'enfants	illimité
durée	10 minutes à une demi-journée
aide nécessaire	au départ
salissant	✓

MATÉRIEL

- papier
- gouache liquide et pots de peinture
- savon en paillettes ou farine pour épaissir la peinture
- colorant (facultatif)
- pinceaux
- pots d'eau pour laver les pinceaux
- papier essuie-tout, tablier, chiffons et protection pour le plan de travail

Ce que l'enfant apprend

Comme le dessin, la peinture développe la créativité de l'enfant. Il apprend à maîtriser le pinceau, et retire de la satisfaction de ses réalisations artistiques.

La peinture est une activité très gratifiante pour un jeune enfant. Il suffit de plonger le pinceau dans le pot de peinture, puis de le poser sur le papier pour obtenir un effet instantané. Elle permet de jouer à loisir avec les couleurs.

déroulement de l'activité

CHOIX ET PRÉPARATION DE LA PEINTURE

L'aquarelle est déconseillée pour les jeunes enfants. Le plus souvent, ils mouillent trop la peinture et n'obtiennent pas de résultats satisfaisants.La gouache liquide est préférable, surtout si vous l'épaississez avec du savon en paillettes ou de la farine.

Si vous ajoutez des paillettes dans la peinture, remuez soigneusement pour les dissoudre.
Pour épaissir la peinture avec de la farine, réunissez dans une casserole un peu d'eau et une cuillerée à soupe de farine, puis fouettez. Faites chauffer à feu doux, en remuant jusqu'à ce que la préparation épaississe. Ajoutez un colorant ou de la gouache liquide, et mélangez soigneusement.

Une seule couleur suffit pour les enfants de 2 à 3 ans. Pour les plus âgés, vous pouvez préparer jusqu'à quatre pots de couleurs différentes, en prévoyant un pinceau différent pour chacune. Vous trouverez des pots qui ne se renversent pas chez les fournisseurs pour beaux-arts ou dans certains magasins de jouets.

CHOIX DU PAPIER
Un papier épais et absorbant est conseillé pour la gouache liquide. Vous en trouverez chez les fournisseurs pour beaux-arts et dans les grands magasins. Le papier recyclé convient aussi. Pensez également à récupérer les sorties papier de l'imprimante, les lettres administratives ou les déchets de papier peint.

CHOIX DES OUTILS
Les pinceaux à manche court et à touffe de poils épaisse sont mieux adaptés aux petites mains. Les pinceaux fins nécessitent une bonne dextérité. Proposez aux enfants des pinceaux de plus en plus fins à mesure qu'ils grandissent pour leur permettre de peindre davantage de détails.

Le même principe est valable pour les crayons de couleur. Commencez avec des crayons courts, à mine émoussée, et lorsque les enfants les maîtrisent bien, proposez-leur des crayons plus longs, à mine plus fine.

Les crayons-feutres conviennent parfaitement aux jeunes enfants, mais limitez leur nombre. Ils oublient de les reboucher lorsqu'ils en ont trop à leur disposition. Laissez-les choisir cinq ou six couleurs. Vérifiez qu'ils sont solubles à l'eau, et si certaines couleurs ne disparaissent pas au lavage, supprimez-les.

Peindre avec des taches

2 à 6 ans	
intérieur	✓
nombre d'enfants	illimité
durée	30 minutes à 2 heures
aide nécessaire	pour plier le papier
salissant	✓

MATÉRIEL

- papier (pas trop absorbant ni fin)
- peinture épaisse (voir pages 132-133)
- pinceau
- papier essuie-tout, tablier, chiffons et protection pour le plan de travail

Ce que l'enfant apprend

Cette activité développe la créativité de l'enfant. Les résultats obtenus lui confèrent satisfaction et confiance en soi.

Les enfants sont généralement ravis lorsque vous leur procurez un pot de peinture, un pinceau et une feuille de papier. Les jours où ils sont un peu agités ou fatigués, ils obtiendront avec cette technique des résultats très satisfaisants moyennant un minimum d'effort. Pour un enfant manquant de confiance en lui, c'est aussi un excellent moyen de réaliser un tableau coloré, très gratifiant.

déroulement de l'activité

Prenez une feuille de papier et pliez-la par le milieu. Posez-la sur la table et ouvrez-la comme un livre. L'enfant laisse simplement tomber sur le papier une goutte de peinture épaisse, il replie le papier et appuie dessus pour l'étaler. Il suffit d'ouvrir pour constater le résultat.

Deux taches de peinture donnent des résultats encore plus intéressants. Choisissez des couleurs contrastées qui se mélangent bien, comme rouge et jaune, noir et blanc, ou bleu et jaune.

Avec cette technique, les enfants de 4 à 6 ans peuvent réaliser un tableau dans des tonalités chaudes de rouge et de jaune, ou froides de vert et de bleu. Avec une brosse large, déposez des traits de couleur d'un côté du pli, puis de l'autre. Pliez la feuille et ouvrez. Remplissez les espaces vides avec de la peinture et pliez de nouveau.

Coulures

Cette activité simple séduit beaucoup les jeunes enfants. Mais attention aux dégâts lorsque plusieurs enfants peignent ensemble. Pensez à avoir chiffons, éponges et papier essuie-tout à portée de main.

déroulement de l'activité

L'intérêt de cette activité étant de voir couler la peinture posée sur le papier, le support idéal est un carton fin brillant, mais absorbant. La peinture doit rester en haut de la feuille le temps que l'enfant soulève celle-ci, mais elle doit pénétrer dans le papier avant qu'il dépose la goutte suivante.

La peinture doit être légèrement épaisse de manière à couler facilement, mais pas trop rapidement. Un enfant plus âgé pourra expérimenter différents supports et consistances de peinture.

Laissez tomber une petite goutte de peinture sur la feuille avec un pinceau fin. Soulevez-la et inclinez-la pour que la peinture coule, puis reposez-la.

Déposez plusieurs grosses gouttes de peinture sur une assiette et penchez celle-ci dans tous les sens pour obtenir un motif. Posez dessus une assiette en carton pour en conserver une épreuve.

3 à 6 ans	
intérieur	✓
nombre d'enfants	illimité
durée	30 minutes à 2 heures
aide nécessaire	au départ
salissant	✓

MATÉRIEL

- **feuilles de papier absorbant brillant**
- **gouache épaisse (voir pages 132-133)**
- **pinceau fin**
- **assiette ordinaire et assiettes en carton**
- **papier essuie-tout, tablier, chiffons et protection pour le plan de travail**

Ce que l'enfant apprend

L'enfant prend conscience de sa créativité. Il obtient des résultats gratifiants, n'exigeant pas de compétences particulières.

Peinture soufflée

3 à 6 ans	
intérieur	✓
nombre d'enfants	illimité
durée	30 minutes à 1 heure
aide nécessaire	✓
salissant	✓

MATÉRIEL

- gouache liquide
- papier (pas trop fin)
- pailles
- plateau recouvert de papier d'aluminium
- papier essuie-tout, tablier, chiffons et protection pour le plan de travail

Ce que l'enfant apprend

Cette technique développe la créativité de l'enfant. Il apprend à contrôler sa respiration et à observer les effets qu'il produit lui-même.

Cette technique procurera beaucoup de plaisir aux jeunes enfants comme aux plus âgés. Attention, elle est très salissante : prévoyez des chiffons pour les mains des enfants et du papier essuie-tout pour les dégâts éventuels.

déroulement de l'activité

Préparez la peinture, sans l'épaissir. Choisissez un papier pas trop absorbant – la peinture doit rester suffisamment de temps sur la surface pour que l'enfant puisse souffler dessus.

Laissez tomber une goutte de peinture sur le papier, puis soufflez dessus pour déplacer la peinture dans différentes directions.

Un enfant plus âgé pourra souffler dans une paille, mais vérifiez que celle-ci n'entre pas en contact avec la peinture, pour éviter qu'il en avale.

Déposez plusieurs grosses gouttes de peinture liquide sur un plateau recouvert de papier d'aluminium. Soufflez dessus avec une paille jusqu'à ce que vous soyez satisfait du résultat. Pour conserver une épreuve, posez délicatement du papier sur la peinture et appuyez dessus.

Projections

Cette activité satisfait autant les jeunes enfants que les plus âgés. Elle permet d'obtenir facilement des résultats impressionnants.

déroulement de l'activité

Réunissez de la gouache liquide, une feuille de papier assez absorbant, une brosse à poils rigides et une passoire à thé ou un tamis fin.

Plongez la brosse dans la peinture. Tenez la passoire au-dessus du papier et frottez la brosse contre les parois pour laisser tomber de fines gouttelettes. Déplacez la passoire au-dessus du papier pour le parsemer de gouttelettes. Nettoyez la brosse et la passoire avant de passer à la couleur suivante.

Vous obtiendrez de plus grosses gouttes avec un presse-purée. Prenez une éponge, plongez-la dans la peinture et déposez-la dans le presse-purée. Tournez délicatement la poignée.

4 à 6 ans	
intérieur	✓
nombre d'enfants	illimité
durée	30 minutes à 2 heures
aide nécessaire	au départ
salissant	✓

MATÉRIEL

- **gouache liquide**
- **papier absorbant**
- **brosse à poils rigides**
- **passoire à thé ou tamis fin**
- **presse-purée et éponge (facultatif)**
- **papier essuie-tout, tablier, chiffons et protection pour le plan de travail**

Ce que l'enfant apprend

L'enfant développe sa créativité et son autonomie. Pour un enfant qui manque de confiance en lui, c'est un excellent moyen d'obtenir des résultats gratifiants.

Empreintes

2 à 6 ans	
intérieur/extérieur	✓
nombre d'enfants	illimité
durée	30 minutes à 2 heures
aide nécessaire	✓
salissant	✓

MATÉRIEL

- **gouache épaisse (voir pages 132-133)**
- **papier absorbant ou support en plastique**
- **verre**
- **plaque de cuisson ou plat à four**
- **plateau en plastique**
- **bassine**
- **rouleau de papier peint**
- **papier journal**
- **papier essuie-tout, tablier, chiffons et protection pour le plan de travail**

Ce que l'enfant apprend

La peinture développe la créativité et l'autonomie de l'enfant. Elle favorise la coordination œil-main et peut être très amusante.

Cette activité convenant autant aux jeunes enfants qu'aux plus âgés est très salissante – prévoyez chiffons et papier essuie-tout. La première empreinte étant souvent peu satisfaisante, faites d'abord un essai sur du papier journal.

déroulement de l'activité

DOIGTS ET MAINS

Épaississez la peinture et versez-la dans un pot. L'enfant plonge un ou plusieurs doigts dans la peinture et les pose sur une feuille de papier ou un support en plastique.

Versez la peinture – une seule couleur suffit – dans un plat ou sur une plaque de cuisson. Montrez à l'enfant comment créer différents motifs avec la paume, les côtés de la main ou les doigts.

Montrez-lui comment utiliser le côté du poignet pour former le cœur d'un tournesol et le côté de sa main pour ajouter les pétales.

Si vous ne craignez pas les dégâts, déposez des taches de peinture épaisse sur un plateau en plastique et laissez l'enfant peindre des motifs avec ses mains sur le plateau. Vous pourrez ensuite réaliser des épreuves du résultat obtenu; éliminez la première, généralement de qualité médiocre.

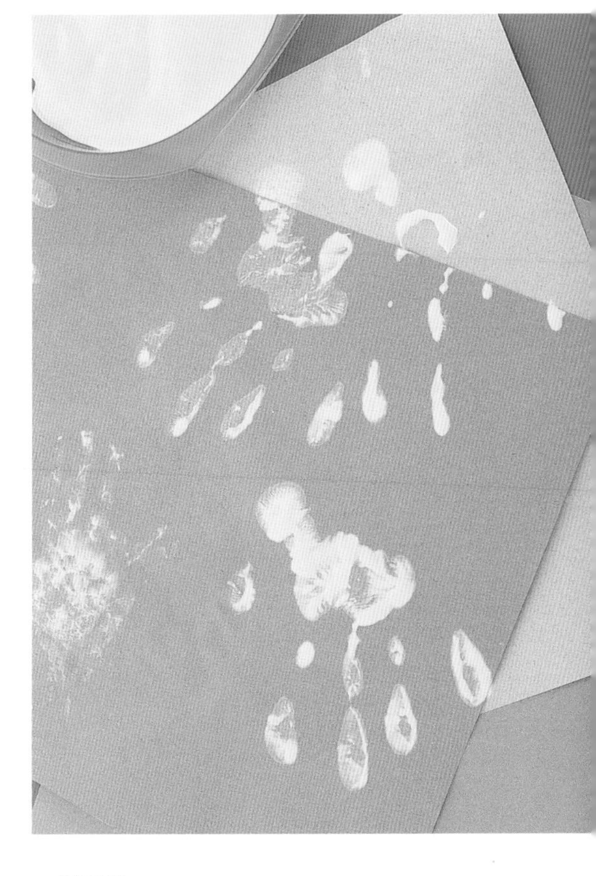

PIEDS

Versez de la peinture épaisse dans une bassine, dans le jardin. Balayez la terrasse ou une allée du jardin avant d'y dérouler une bande de papier peint, le côté imprimé en dessous. Posez des poids aux extrémités.

Invitez l'enfant à tremper ses pieds dans la peinture, puis à les poser sur le papier. Dans une version moins salissante, vous pouvez laisser l'enfant s'amuser avec une bassine d'eau sur un dallage sec.

Peinture à l'éponge

3 à 6 ans	
intérieur	✓
nombre d'enfants	illimité
durée	30 minutes à 2 heures
aide nécessaire	au départ
salissant	✓

MATÉRIEL

- gouache liquide
- plats
- papier
- crayon à papier
- ciseaux ou couteau
- éponges ou plaque de mousse de 5 à 10 cm d'épaisseur
- rouleau de peinture en mousse (facultatif)
- papier essuie-tout, tablier,
- chiffons et protection pour le plan de travail

Ce que l'enfant apprend

Cette activité favorise la coordination œil-main et développe les capacités manuelles. L'enfant apprend à concevoir une tâche dans sa globalité en fonction d'un objectif.

Beaucoup plus maniable que le pinceau, l'éponge est l'instrument idéal pour le jeune enfant. Les plus âgés peuvent utiliser la peinture à l'éponge pour compléter leurs tableaux. Elle permet d'obtenir des taches de couleur délicates parsemées de petits trous. Cette technique convient particulièrement pour peindre le ciel.

déroulement de l'activité

PEINTURE

Préparez de la peinture de plusieurs couleurs dans des plats. Liquide, elle donnera une finition plus régulière ; épaisse, elle révélera la texture du papier.

Plongez l'éponge dans la peinture. Ensuite, selon le résultat souhaité, faites-la glisser à la surface du papier pour obtenir une couleur régulière, ou appuyez l'éponge sur le papier pour créer un effet de texture. En la tamponnant légèrement, vous obtiendrez un compromis entre les deux techniques.

FABRICATION DE TAMPONS EN MOUSSE

Choisissez les formes souhaitées : simples comme des carrés et des cercles, ou plus complexes, comme des lapins, des chats ou des feuilles. Tracez les contours à l'aide d'images ou d'objets sur une feuille de bristol, puis découpez les formes pour obtenir des gabarits.

Dans une plaque de mousse de 5 à 10 cm d'épaisseur, découpez les tampons à l'aide des gabarits.

EMPLOI DES TAMPONS EN MOUSSE

L'enfant plonge les tampons dans la peinture et les pose soigneusement sur du bristol ou du papier pour obtenir des images.

Les images aux tampons peuvent être assemblées entre elles ou avec des éléments peints au pinceau – par exemple le tronc d'un arbre, marron, à l'aide d'un tampon rectangulaire et sa fondaison, verte, peinte au pinceau.

Invitez l'enfant à préparer du papier cadeau en le décorant de motifs peints au tampon.

Il peut aussi s'amuser avec un rouleau en mousse préparé par vos soins.

Peinture au chiffon

3 à 6 ans	
intérieur	✓
nombre d'enfants	illimité
durée	30 minutes à 2 heures
aide nécessaire	au départ
salissant	✓

MATÉRIEL

- gouache épaisse (voir pages 132-133)
- coupelles
- chiffons (en fibres naturelles : draps usagés, peau de chamois)
- élastiques
- papier
- rouleau de peinture ou rouleau à pâtisserie
- plaque de cuisson
- laine
- papier essuie-tout, tablier,
- chiffons et protection pour le plan de travail

Ce que l'enfant apprend

Cette activité favorise la coordination œil-main et développe les capacités manuelles. L'enfant apprend à concevoir une tâche dans sa globalité, en fonction d'un objectif, et il en retire une grande satisfaction.

Pour un jeune enfant, il est beaucoup plus facile de peindre avec un chiffon qu'avec un pinceau. Un chiffon entortillé puis plongé dans la peinture permet de créer des motifs originaux.

déroulement de l'activité

PEINTURE AU CHIFFON

Versez de la gouache épaisse dans une coupelle. Si l'enfant désire travailler avec plusieurs couleurs, prévoyez un chiffon pour chacune.

Le chiffon devant être absorbant, choisissez-le en fibres naturelles. Entortillez le chiffon sans trop le serrer, en formant des plis, et en évitant d'obtenir une boule lisse et uniforme. Maintenez-la en forme avec des nœuds ou des élastiques.

Au rouleau

Enroulez de la laine autour d'un rouleau de peinture, et recouvrez-la de peinture pour créer des motifs originaux.

Il existe une variante : avant d'attacher des chiffons, peignez une couche uniforme d'une seule couleur avec un rouleau et de la peinture diluée. Attachez les chiffons, puis peignez sur la première couche avec une peinture légèrement plus épaisse, un peu plus claire ou plus foncée que la première.

Invitez l'enfant à plonger le chiffon dans la peinture. Il pourra ensuite le laisser glisser sur le papier, le tamponner à la surface ou appuyer dessus.

ROULEAU DE CHIFFON
La peinture avec un rouleau de chiffon constitue une autre technique utilisable par un enfant plus âgé pour décorer une grande surface. Elle est idéale pour fabriquer un papier cadeau.

Couvrez grossièrement un rouleau à pâtisserie ou un rouleau de peinture avec un morceau de drap usagé ou une peau de chamois – en créant des plis et des bosses à la surface du tissu. Attachez les extrémités avec des élastiques.

Versez de la gouache épaisse sur une plaque de cuisson, puis roulez le rouleau sur la plaque pour couvrir le chiffon de peinture.

Invitez l'enfant à utiliser tout d'abord le rouleau sur des déchets de papier pour retirer l'excédent de peinture. Il peut ensuite peindre le support choisi.

Gabarits et pochoirs

3 à 6 ans	
intérieur	✓
nombre d'enfants	illimité
durée	30 minutes à 2 heures
aide nécessaire	au départ
salissant	✓

MATÉRIEL
- gabarits et pochoirs
- bristol, crayon à papier, ciseaux (pour fabriquer des gabarits et pochoirs)
- papier
- gouache liquide
- pinceaux (dont un pinceau à pochoir et une brosse à dents usagée)
- éponge
- cure-dent
- colle
- lentilles
- crayons de couleur ou crayon à papier gras (4B)
- ruban adhésif ou Patafix
- papier essuie-tout, tablier, chiffons et protection pour le plan de travail

Ce que l'enfant apprend

Cette activité développe la coordination œil-main et les capacités manuelles. L'enfant apprend à concevoir une tâche en fonction d'un objectif. Tampons et pochoirs permettent d'obtenir des résultats très gratifiants pour l'enfant.

Faciles d'emploi, les pochoirs achetés dans le commerce donnent des résultats séduisants, mais vous pouvez aussi les fabriquer vous-même. Donnez à l'enfant un gros pinceau, une éponge ou un chiffon, et montrez-lui comment peindre à l'intérieur d'un pochoir.

déroulement de l'activité

FABRICATION DES GABARITS
ET DES POCHOIRS

Vous pouvez utiliser comme gabarits des objets tels que des assiettes, des ciseaux ou des feuilles. Des images découpées dans des magazines conviennent également.

Vous pouvez aussi fabriquer vos gabarits dans du papier ou du bristol en traçant les contours d'objets et en découpant les formes.

Pour créer un pochoir simple, pliez en quatre un morceau de papier et taillez les angles. Dépliez – vous obtenez un pochoir au motif symétrique.

Vous trouverez sur Internet de jolis modèles de pochoirs.

EMPLOI DES GABARITS
ET DES POCHOIRS

Posez le gabarit sur le papier et peignez tout autour.
Posez le pochoir sur le papier et peignez les espaces vides avec un pinceau à pochoir ou une éponge. Posez un petit objet sur le papier et un autre sur le pochoir pour le maintenir en place. Plongez une brosse à dents usagée dans la peinture, puis inclinez ses poils pour projeter la peinture tout autour sur le papier.

Posez un gabarit sur le papier, puis peignez toute la surface, y compris le gabarit, avec une éponge, des projections ou des gouttes de peinture. Lorsqu'elle est sèche, soulevez délicatement le gabarit. Invitez l'enfant à peindre l'espace vide avec une couleur contrastée.

Étalez de la colle autour du gabarit et posez des lentilles dessus. Soulevez le gabarit et laissez l'enfant peindre l'espace vide.

Effets de matières

Choisissez des objets portant un relief tels que pièces de monnaie, feuilles ou trottoir, pour jouer avec les surfaces. Donnez à l'enfant un crayon de couleur ou un crayon à papier très gras.

Fixez du papier sur la surface avec du ruban adhésif ou de la Patafix. Invitez l'enfant à frotter le crayon dans tous les sens sur le papier, sans trop appuyer, pour laisser apparaître une reproduction de la surface de l'objet.

Peinture à la cire

4 à 6 ans	
intérieur	✓
nombre d'enfants	illimité
durée	30 minutes à 2 heures
aide nécessaire	✓
salissant	✓

MATÉRIEL

- **gouache liquide, colorant**
- **papier**
- **bougies, crayons à la cire**
- **carton**
- **bâtonnets ou cure-dents**
- **papier essuie-tout, tablier, chiffons et protection pour le plan de travail**

Ce que l'enfant apprend

Comme toutes les activités artistiques, la réalisation de peintures à la cire développe la créativité de l'enfant, la psychomotricité fine et la coordination œil-main. La cire, matière « magique », lui permet d'expérimenter agréablement.

La peinture à la cire contient un élément de mystère qui séduit toujours les enfants. Ces techniques, comportant toutes deux étapes, s'adressent aux enfants de plus de 4 ans.

déroulement de l'activité

CIRE ET LAVIS

Préparez un lavis avec un peu de gouache liquide ou un colorant dilué dans l'eau. Vérifiez sur un morceau de papier si le mélange contient suffisamment de couleur pour obtenir un lavis à la fois coloré et transparent.

Dessinez un motif à la bougie sur une feuille de papier, puis couvrez avec le lavis. Lorsque le papier est sec, répétez l'opération, en continuant le dessin original ou en dessinant à un autre endroit. Les lavis successifs accentuent la couleur, mais la cire empêche la couleur de se fixer sur les zones concernées.

CRAYON À LA CIRE ET PEINTURE

Faites un dessin avec des crayons à la cire, puis peignez dessus avec un lavis coloré (voir ci-dessus) ou de la gouache épaisse. La peinture n'adhérant pas sur les traits de crayon, le dessin apparaît, créant des effets intéressants.

GRATTAGE

Coloriez un petit morceau de carton avec deux couches de crayon à la cire très épaisses, de la même couleur ou de couleurs différentes. Puis couvrez entièrement la surface de crayon noir. Ensuite, avec des bâtonnets ou des cure-dents, grattez la couche supérieure pour laisser apparaître la ou les couleurs sous-jacentes.

Fils trempés

Voici de nouveau une activité qui plaira autant aux jeunes enfants qu'aux plus grands. Mais pensez à prévoir le nécessaire pour essuyer les mains, car elle est très salissante.

déroulement de l'activité

Réunissez deux ou trois pots de gouache épaisse de différentes couleurs, des feuilles de papier, et deux ou trois morceaux de ficelle pour chaque pot.

Coupez des morceaux de ficelle ou de laine de 10 à 20 cm de longueur (évitez les matières artificielles, qui n'absorbent pas la peinture). Formez une poignée à chaque morceau en enfilant une extrémité dans un macaroni, puis en faisant un nœud.

Plongez la moitié du morceau de ficelle dans la peinture, puis laissez-la glisser sur le papier pour tracer des lignes et formes variées.

à partir de 3 ans	
intérieur	✓
nombre d'enfants	illimité
durée	30 minutes à 2 heures
aide nécessaire	✓
salissant	✓

MATÉRIEL

- **gouache épaisse (voir pages 132-133)**
- **papier**
- **pots de peinture**
- **ficelle ou laine**
- **macaronis**
- **papier essuie-tout, tablier, chiffons et protection pour le plan de travail**

Ce que l'enfant apprend

Cette activité développe la coordination œil-main et les capacités manuelles. L'enfant apprend à concevoir une tâche en fonction d'un objectif. Cette technique de peinture est idéale pour les enfants maladroits.

Apprendre à coller

2 à 6 ans	
intérieur	✓
nombre d'enfants	illimité
durée	20 minutes ou plus
aide nécessaire	au départ
salissant	✓

MATÉRIEL

- farine, eau et colorant
- colle à bois, en bâton et repositionnable
- pinceau ou bâtonnet pour étaler la colle
- papier
- objets à coller
- papier essuie-tout, tablier, chiffons et protection pour le plan de travail

Ce que l'enfant apprend

Cette activité développe la dextérité et la coordination œil-main. Elle aide un enfant à planifier une tâche et à se concentrer dessus, ainsi qu'à travailler en fonction d'un objectif.

Le travail avec la colle figure parmi ceux que l'enfant doit apprendre à maîtriser progressivement. Au départ, montrez-lui comment encoller une feuille, et disposez des objets dessus.

déroulement de l'activité

Préparez de la colle en mélangeant de la farine et de l'eau, et montrez à l'enfant comment l'étaler. Pour qu'il puisse la distinguer des objets, versez dedans quelques gouttes de colorant. Disposez ensuite les objets au hasard sur le papier et laissez sécher. Choisissez des objets légers – pois cassés, paillettes, coquilles d'œufs, cacao, morceaux de ficelle, feuilles.

La colle à base de farine ne convient pas pour les objets lourds comme les haricots secs ou les brindilles. Utilisez plutôt de la colle à bois.

Apprenez ensuite à l'enfant à coller des éléments en étalant la colle sur ceux-ci, puis en les posant délicatement sur le support. Choisissez pour commencer du papier ou du tissu, dont la surface plane s'encolle aisément.

Colle et riz

Cette activité s'adresse aux enfants de tous âges. Les plus jeunes auront besoin d'aide, tandis que les plus âgés pourront être autonomes dans l'exécution de leurs projets.

déroulement de l'activité

Encollez le papier ou le bristol, puis disposez des grains de riz à la surface. Faites sécher à plat, laissez tomber l'excédent de riz et accrochez le tableau contre un mur.

Vous pouvez représenter une marguerite avec des pétales. Formez des pétales avec la colle et disposez le riz dessus. Laissez tomber l'excédent, puis découpez un cercle dans du papier jaune et collez-le au milieu.

Prenez un morceau de papier de couleur. Écrivez le nom de l'enfant sur le papier avec de la colle. Laissez l'enfant déposer le riz sur les lettres et découvrir son nom.

Placez une soucoupe ou un verre en guise de gabarit sur un morceau de papier. Étalez de la colle autour, en recouvrant tout le papier apparent. Disposez le riz dessus et retirez le gabarit. Lorsque la colle est sèche, étalez-en dans l'espace laissé par le gabarit et déposez d'autres ingrédients – cacao, café soluble ou pois cassés, par exemple.

à partir de 2 ans	
intérieur	✓
nombre d'enfants	1 à 4
durée	une demi-journée
aide nécessaire	✓
salissant	✓

MATÉRIEL

- **papier ou bristol**
- **colle à bois**
- **crayon à papier**
- **verre ou soucoupe pour le gabarit**
- **plusieurs variétés de riz**
- **cacao, café soluble ou pois cassés**
- **ballon de baudruche, sac, saladier, cruche, entonnoir et tamis pour d'autres variantes**

Ce que l'enfant apprend

L'enfant développe créativité et dextérité. Il acquiert de la confiance en lui.

D'autres idées ludiques avec le riz

Introduisez un peu de riz dans un ballon de baudruche et gonflez-le. Avec le riz, le ballon prend des directions imprévisibles.

Remplissez de riz un sac en plastique, taillez un angle et « dessinez » des formes avec les grains qui tombent.

Faites l'expérience de verser du riz dans un saladier avec une cruche, un entonnoir et un tamis.

Étalez du riz sur la table et construisez des routes.

Impression aux légumes

3 à 6 ans	
intérieur	✓
nombre d'enfants	illimité
durée	30 minutes à 2 heures
aide nécessaire	✓
salissant	✓

MATÉRIEL

- gouache épaisse (voir pages 132-133), plat et papier essuie-tout
- papier journal plié et papier
- légumes
- épluche-légumes et couteau pour couper les légumes
- papier essuie-tout, tablier, chiffons et protection pour le plan de travail

Ce que l'enfant apprend

Comme toutes les activités artistiques, l'impression développe la psychomotricité fine et la coordination œil-main. Elle est très gratifiante pour l'enfant qui retire de la satisfaction des résultats obtenus.

Voici de nouveau une activité qui plaira autant aux jeunes enfants qu'aux plus âgés. Si la pomme de terre est le légume employé le plus couramment pour imprimer, beaucoup d'autres espèces peuvent convenir.

déroulement de l'activité

CHOIX ET PRÉPARATION DES TAMPONS

Carottes, céleri, chou, épis de maïs coupés de diverses manières permettent d'improviser des tampons de toutes sortes. Mis à part les pommes, évitez les fruits, en raison de leur consistance molle et juteuse.

En automne, ramassez les feuilles mortes, les noix, les châtaignes.

En pelant des fèves, vous séparez facilement les deux moitiés. Piquez une punaise en guise de poignée et tamponnez avec le côté plat.

Bien que l'impression avec les légumes à feuilles soit un peu salissante, expérimentez celles, rigides et texturées, du chou. Coupez les tiges de manière que les feuilles puissent reposer à plat.

Vous pouvez tailler des motifs simples dans de gros légumes à racines tels que pommes de terre, navets ou rutabagas. Préparez-les pour les jeunes enfants : coupez la pomme de terre en deux et taillez une forme simple avec un couteau pointu. Un enfant plus âgé peut créer lui-même un motif à la surface de la pomme de terre avec un épluche-légumes. Précisez-lui qu'il peindra avec la partie en relief.

Même si la partie peinte du légume doit être en contact avec le papier, cela n'implique pas que vous deviez vous limiter à l'emploi de surfaces planes. Vous pouvez recouvrir de peinture la moitié d'une pomme de pin ou d'un épi de maïs, et la faire rouler sur le papier. Le céleri et les carottes conviennent également.

EMPLOI DES TAMPONS

Commencez par préparer le matériel de peinture. Placez plusieurs feuilles de papier essuie-tout dans un plat et versez dessus de la gouache épaisse.

Plongez le légume dans la peinture, faites des essais sur du papier journal jusqu'à ce que le résultat soit satisfaisant (au départ, il y a toujours trop de peinture sur les légumes), puis appliquez le tampon sur le papier choisi jusqu'à ce qu'il n'y ait plus assez de peinture dessus. Répétez l'opération.

Cette technique d'impression avec des légumes peut être utilisée seule ou en association avec d'autres.

Pâte à sel

3 à 6 ans	
intérieur	✓
nombre d'enfants	illimité
durée	30 minutes à 3 heures
aide nécessaire	✓
salissant	✓

MATÉRIEL

- farine, sel, glycérine (en vente chez le pharmacien) et eau pour la pâte
- rouleau à pâtisserie, couteau non tranchant et emporte-pièces pour les formes
- plaque de cuisson recouverte de papier d'aluminium
- gouache et vernis pour décorer
- tissu, colle et laine pour la poupée

Ce que l'enfant apprend

Le modelage développe la psychomotricité, la coordination œil-main et la créativité de l'enfant. Les réalisations obtenues lui procurent beaucoup de satisfaction.

Après avoir durci en séchant dans le four, la pâte à sel peut être peinte et vernie. Elle donne des résultats étonnants et se conserve pendant des années.

déroulement de l'activité

PRÉPARATION DE LA PÂTE

Préparez la pâte avec l'enfant en mélangeant trois verres de farine et un verre de sel. Ajoutez un verre d'eau et une cuillerée à soupe de glycérine. Pétrissez la pâte jusqu'à ce qu'elle devienne élastique.

Il suffit maintenant de façonner la pâte selon ses désirs, puis de placer les sujets sur une plaque de cuisson recouverte de papier d'aluminium. Faites cuire à four doux (150 °C/thermostat 2) jusqu'à ce que la pâte soit

des gabarits (de préférence avec un découpe-pizza). Faites un petit trou en haut du modelage pour la ficelle et enfournez. Peignez les sujets, et lorsqu'ils sont secs, protégez-les avec un vernis spécial ou du vernis à ongles transparent.

Pour fabriquer une poupée, façonnez une boule de pâte en forme de tête. Préparez une boule plus petite pour le cou. Fixez-la à la tête en humectant la pâte. Enfournez. Pour réaliser le corps, coupez un morceau de tissu en demi-cercle, pliez-le en deux et cousez les bords. Taillez l'angle supérieur à la taille du cou et collez-le. Enroulez un brin de laine autour du tissu pour l'attacher au cou.

Pour fabriquer des poupées plus élaborées, ajoutez des bras et/ou des pieds et mains en pâte à sel que vous fixez dans l'ourlet et les côtés de la robe.

sèche. Comptez environ 1 heure 30 pour les sujets plats et au moins le double de temps pour les figurines à trois dimensions.

La cuisson au four ayant pour but de sécher les modelages, baissez la température si la pâte commence à dorer.

SUJETS EN PÂTE À SEL

Un enfant de 2 ou 3 ans peut rouler et découper la pâte avec un couteau à bout rond ou des emporte-pièces. Un enfant plus âgé peut fabriquer des formes plus élaborées ou des figurines en trois dimensions.

Pour faire des décorations de Noël, découpez des formes avec des emporte-pièces ou

Pâte à modeler

2 à 6 ans	
intérieur	✓
nombre d'enfants	illimité
durée	30 minutes à 2 heures
aide nécessaire	pour fabriquer la pâte
salissant	✓

MATÉRIEL

- farine, sel, eau, huile, colorant et une casserole pour préparer la pâte
- rouleau à pâtisserie, couteaux à bout rond, emporte-pièces, bâtons d'Esquimau, objets durs, passoire ou presse-purée pour jouer avec la pâte

Ce que l'enfant apprend

La pâte à modeler est le moyen le plus simple de fabriquer des figurines en trois dimensions. Elle développe la psychomotricité fine et la coordination œil-main. L'enfant exerce sa créativité et retire une grande satisfaction des modelages qu'il réalise.

La pâte à modeler est le matériau idéal pour les jeunes enfants – suffisamment molle pour glisser entre les doigts, mais assez ferme pour pouvoir être façonnée. Toutefois, les sujets réalisés ne se conservent pas longtemps.

déroulement de l'activité

PRÉPARATION DE LA PÂTE

Pour préparer la pâte, mélangez dans une casserole deux verres de farine, un verre de sel, un verre d'eau et deux cuillerées à soupe d'huile. Pétrissez la pâte, puis laissez-la chauffer sur le feu de la cuisinière. Les enfants aiment la travailler lorsqu'elle est encore chaude. Conservée dans un sac en plastique, elle se conserve plusieurs semaines.

Les enfants éprouvent presque autant de plaisir à préparer la pâte qu'à jouer avec. Proposez-leur de mesurer la farine et le sel, puis de verser l'eau et l'huile. Laissez-les pétrir la pâte avant de la chauffer.

Pour obtenir une couleur uniforme, ajoutez un colorant ou de la gouache dans l'eau avant de la mélanger à la farine. Pour obtenir une pâte marbrée, ajoutez la couleur en pétrissant la pâte.

Vous pouvez apporter des variantes à la recette de base pour modifier la texture de la pâte. Sans huile, la pâte sera plus grossière ; avec davantage d'huile, plus lisse. La farine avec levure incorporée l'aère davantage. Pour obtenir une pâte à la fois aérée et élastique, mélangez deux verres de farine avec levure incorporée et un verre d'eau colorée et travaillez-la.

SUJETS EN PÂTE À MODELER

Donnez à l'enfant un rouleau à pâtisserie, une planche en bois, des emporte-pièces, un couteau à bout rond, un bâton d'Esquimau et, bien sûr, la pâte.

On peut créer des reliefs dans la pâte avec des objets durs tels que briques de construction en plastique, fourchettes ou presse-purée.

Pour obtenir des spaghettis, passez la pâte à travers une passoire en métal ou un presse-purée.

Papier mâché

à partir de 4 ans	
intérieur	✓
nombre d'enfants	illimité
durée	30 minutes à une journée
aide nécessaire	✓
salissant	✓

MATÉRIEL

- **papier journal, farine et eau ou colle à bois pour le papier mâché**
- **bassine**
- **saladiers, bocaux à confiture, verres ou ballons de baudruche pour les moules**
- **film alimentaire ou vaseline**
- **peinture et vernis pour décorer**
- **papier essuie-tout, tablier, chiffons et protection pour le plan de travail**

Ce que l'enfant apprend

Comme toutes les activités artistiques, les réalisations en papier mâché développent la psychomotricité fine, la coordination œil-main, ainsi que la créativité de l'enfant. Certaines techniques, nécessitant patience et organisation, l'entraînent à mener une activité dans un ordre précis, du début jusqu'à la fin.

Le papier mâché peut s'utiliser de multiples manières – autant pour construire l'enceinte d'une ferme que pour fabriquer des personnages ou des vases.

déroulement

PRÉPARATION DU PAPIER MÂCHÉ

Prenez des feuilles de papier journal que vous coupez ou déchirez en bandes de 2 cm de largeur et 7 cm de longueur. Remplissez une bassine d'eau chaude et ajoutez le papier en l'immergeant entièrement. Laissez-le plusieurs heures dans l'eau jusqu'à ce qu'il soit détrempé au point de se déchirer. Essorez-le (avec une essoreuse à salade, si vous en avez une).

Préparez la colle en mélangeant de la farine et de l'eau ou avec de la colle à bois diluée (une part de colle pour trois parts d'eau). Ajoutez le papier dans la colle et mélangez bien : la préparation doit être aussi épaisse que de l'argile. Malaxez de préférence avec les mains, en sachant qu'elles deviendront très collantes.

Invitez l'enfant à utiliser le papier mâché comme de la pâte à modeler pour fabriquer des sujets, des animaux, pour construire une ferme ou des routes (voir pages 216-217). Laissez sécher au moins 24 heures avant de peindre et de vernir.

EMPLOI DES MOULES

Saladier

Enduisez l'intérieur d'un saladier de vaseline ou garnissez-le de film alimentaire pour éviter que le papier mâché colle aux parois. Appliquez le papier mâché contre les parois du saladier. Laissez sécher, puis démoulez. Peignez et vernissez.

Ballon de baudruche

Gonflez le ballon et recouvrez-le de papier mâché. Laissez sécher 24 heures, puis ajoutez une deuxième épaisseur de papier. Faites éclater le ballon en piquant une épingle dans le papier mâché lorsqu'il est sec. Cette forme permet de réaliser des animaux. Il

suffit d'ajouter quatre pattes et un museau (fabriqué avec une boîte à œufs) pour fabriquer un cochon.

Bandes de papier

Pour recouvrir un moule, une autre méthode plus simple consiste à utiliser des bandes de papier. Pour fabriquer un vase, prenez un bocal ou un verre, et recouvrez l'extérieur de vaseline ou de film alimentaire. Plongez des bandes de papier dans la colle et appliquez-en une couche sur le moule. Laissez sécher complètement avant d'appliquer la suivante. L'enfant peut continuer ainsi jusqu'à ce qu'il obtienne l'épaisseur désirée – ou appliquer le papier mâché (voir page **156**) sur plusieurs épaisseurs. Il peut ensuite retirer le moule ou le laisser (selon sa forme), puis peindre et vernir le vase.

Apprendre à enfiler

2 à 6 ans	
intérieur	✓
nombre d'enfants	illimité
durée	30 minutes ou plus
aide nécessaire	au départ
salissant	✓

MATÉRIEL

- objets à enfiler : bobines de fil, rouleaux d'essuie-tout, gros boutons, macaronis peints, pailles
- ficelle ou fil à linge
- gouache et pinceau ou tissu et colle
- grosse aiguille
- ciseaux

Ce que l'enfant apprend

Cette activité développe la psychomotricité fine et la coordination œil-main. Les réalisations obtenues renforcent la confiance en soi.

Les travaux d'enfilage développent la psychomotricité fine : l'enfant doit introduire le fil d'une main dans le trou tandis que l'autre tient l'objet. La réussite se mesure au nombre d'objets sur le fil – une activité très gratifiante.

déroulement de l'activité

Les enfants de 2 ans aiment tirer des objets derrière eux, ce qui peut être improvisé facilement – avec de vieux couvercles de casseroles, des rouleaux en carton, ou même une paire de sandales usagées. Si l'objet a un trou, il peut l'enfiler sur une ficelle.

Pour fabriquer un serpent, faites-lui enfiler des bobines de fil sur un morceau de fil à linge en plastique. On peut aussi soit peindre les tubes en carton des rouleaux de papier toilette ou d'essuie-tout soit les recouvrir de tissu, puis les enfiler sur de la ficelle.

Les enfants plus âgés peuvent enfiler de gros boutons avec une grosse aiguille. Ils réaliseront des bracelets ou colliers avec des macaronis peints ou des pailles en plastique découpées en petits morceaux.

Apprentis couturiers

Les travaux de couture sont un peu délicats pour un jeune enfant. Mais vous pouvez le préparer à ces tâches en lui proposant des activités simples.

à partir de 4 ans	
intérieur	✓
nombre d'enfants	1 ou 2
durée	30 minutes
aide nécessaire	✓
pas salissant	✓

MATÉRIEL
- **bristol, crayon et perforatrice ou brochette pour préparer les cartes à coudre**
- **laine**
- **passe-lacet**
- **canevas**
- **feutrine, aiguille à repriser et fil**

déroulement de l'activité

Fabriquez des cartes à coudre simples : découpez du bristol en carrés et dessinez dessus de grandes formes sommaires, ours ou lapin, par exemple. Faites des trous assez rapprochés dans le bristol avec une perforatrice ou une brochette. L'enfant doit ensuite coudre entre les trous avec un passe-lacet. Il est plus facile de coudre avec de la laine qu'avec du fil, en doublant la laine et en la nouant.

Les boutiques de fournitures pour loisirs et les grands magasins vendent des canevas simples qui permettent également aux enfants de se familiariser avec la couture.

La feutrine est le matériau le plus facile pour les « vrais » travaux de couture. Prenez une aiguille à repriser et un morceau de fil double. Faites le premier point en montrant à l'enfant comment tirer entièrement le fil avant le point suivant.

Ce que l'enfant apprend

Une activité excellente pour développer la psychomotricité fine et la coordination œil-main. L'enfant apprend à anticiper ce qu'il doit faire.

Le tissage

à partir de 3-4 ans	
intérieur	✓
nombre d'enfants	illimité
durée	30 minutes ou plus
aide nécessaire	✓
pas salissant	✓

MATÉRIEL

- boîte à chaussures
- laine
- petit morceau de carton

Ce que l'enfant apprend

Cette activité développe la psychomotricité fine et la coordination œil-main. Elle entraîne l'enfant à garder le calme et à se concentrer sur sa tâche, aptitudes essentielles pour le travail scolaire. La réalisation terminée procure beaucoup de fierté à l'enfant.

Le tissage amuse les enfants de tous les âges. Dès 3 ou 4 ans, ils parviennent à passer les fils de laine de droite à gauche sur un métier à tisser improvisé dans une boîte à chaussures. Peu importe l'usage qu'ils en font ensuite...

déroulement de l'activité

Prenez une boîte à chaussures et faites huit trous sur chacun des deux grands côtés. Coupez quatre longs brins de laine, enfilez-les dans les trous de chaque côté de la boîte, puis nouez-les. La boîte doit contenir huit fils. Enroulez ensuite de la laine autour d'un petit morceau de carton qui servira de bobine.

Pour tisser, déroulez un peu de laine de la bobine et attachez-la au premier fil de la boîte. Passez la laine alternativement au-dessus et au-dessous des fils de laine de la boîte, jusqu'à l'autre extrémité de la boîte. Continuez dans l'autre sens, en déroulant la laine au fur et à mesure. Montrez à l'enfant comment régulariser le tissage avec les doigts ou un peigne.

Lorsque la bobine est vide, enroulez de nouveau de la laine autour et attachez le nouveau fil à l'ancien.

Partie de tricot

Bien que le tricot exige de la concentration et de la coordination, c'est une activité répétitive. Une fois les rudiments acquis, les enfants peuvent fabriquer des vêtements simples, par exemple une écharpe pour leur ours.

déroulement de l'activité

Choisissez de grosses aiguilles et de la grosse laine. Montez les mailles et tricotez le premier rang. L'enfant, assis sur vos genoux, participera en passant la laine autour de l'aiguille. Aidez-le ensuite à glisser l'aiguille dans la boucle pour les points suivants. Faites participer l'enfant de plus en plus au fil des rangs.

Laissez-le continuer seul. Un enfant adroit de 5 ans parvient à tricoter en quelques séances. Arrêtez les mailles pour lui. Un carré permettra d'improviser une petite couverture pour une poupée ; un long rectangle deviendra une écharpe pour un ours.

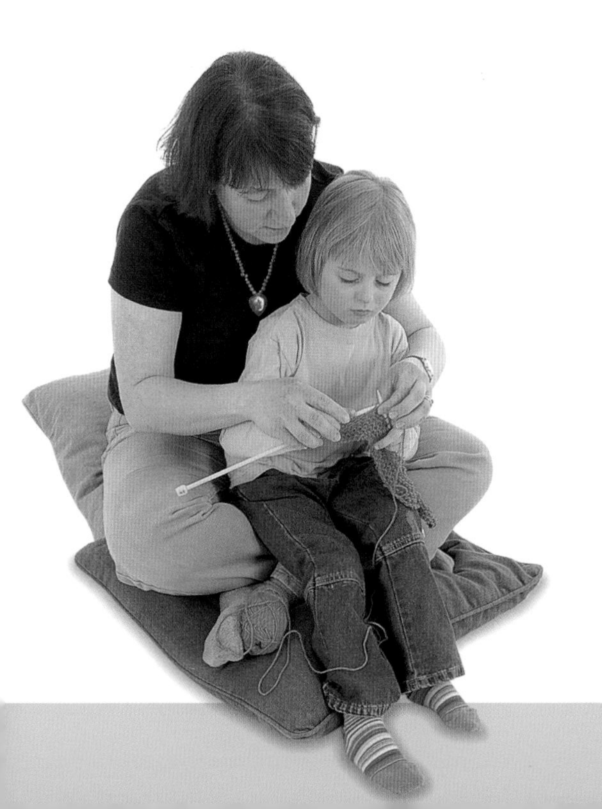

4 à 6 ans	
intérieur	✓
nombre d'enfants	1
durée	30 minutes ou plus
aide nécessaire	✓
pas salissant	✓

MATÉRIEL

- grosses aiguilles à tricoter
- grosse laine

Ce que l'enfant apprend

Cette activité développe la psychomotricité fine et la coordination œil-main. Elle entraîne l'enfant à rester calme et à se concentrer sur sa tâche, aptitudes essentielles pour l'école. L'enfant retire une grande satisfaction de sa réalisation.

Batik

5 à 6 ans	
intérieur	✓
nombre d'enfants	illimité
durée	30 minutes à 2 heures
aide nécessaire	✓
salissant	✓

MATÉRIEL

- farine, eau et colorant pour la colle
- coton de bonne qualité
- planche en bois
- épingles ou ruban à masquer
- pinceau rigide ou éponge
- bristol ou papier et ciseaux pour fabriquer des gabarits (facultatif)
- teinture à l'eau froide
- papier essuie-tout, tablier, chiffons et protection pour le plan de travail

Ce que l'enfant apprend

Cette activité développe la dextérité et la coordination œil-main. L'enfant apprend à concevoir son travail du début à la fin, en fonction d'un objectif. La réalisation finale, très gratifiante, lui procure satisfaction et confiance en soi.

Dans la méthode traditionnelle du batik, de la cire chaude est appliquée sur le tissu avant de le teindre. Trop dangereuse pour les jeunes enfants, la cire chaude est remplacée ici par de la colle à base de farine. Bien que les dessins ne soient pas aussi nets, ils ne manquent pas de charme.

déroulement de l'activité

Commencez par fabriquer une colle épaisse en mélangeant de la farine et de l'eau. Ajoutez une goutte de colorant afin que l'enfant puisse voir les parties qu'il a traitées. Fixez un morceau de coton de bonne qualité sur une planche en bois, avec des punaises ou du ruban adhésif.

Peignez un motif sur le tissu avec la colle, à l'aide d'un pinceau rigide. Vous pouvez aussi utiliser une éponge, la technique des coulures ou des projections, en veillant à appliquer une couche suffisamment épaisse.

Pensez aux gabarits en papier ou en bristol : les enfants peuvent appliquer la colle autour d'objets comme des assiettes en carton, ou découper des illustrations dans les magazines et les coller sur des morceaux de bristol. Il suffit ensuite de poser le gabarit sur le tissu et d'étaler une couche épaisse de colle sur l'espace restant. Laissez le tissu sécher complètement dans un endroit chaud.

Utilisez ensuite une teinture à l'eau froide en suivant soigneusement les instructions de l'emballage. Vous pouvez commencer avec une couleur claire, et répéter l'opération depuis le début avec une seconde couleur.

Sable, sel ou sucre

Comme de nombreuses activités proposées dans ce chapitre, celle-ci peut être réalisée sur un plateau ou une table. Si vous souhaitez conserver le tableau réalisé, encollez la feuille de papier avant de laisser tomber le sable, le sel ou le sucre.

4 à 6 ans	
intérieur/extérieur	✓
nombre d'enfants	illimité
durée	10 minutes à 1 heure
aide nécessaire	✓
salissant	✓

MATÉRIEL

- plateau ou table
- bristol
- ficelle
- sable, sel ou sucre
- feuilles de papier foncé
- bâton de colle

déroulement de l'activité

Fabriquez un grand cône en carton avec un petit trou à l'extrémité. Fermez le trou avec les doigts et remplissez le cône de sable, de sucre ou de sel. Placez au-dessous un grand plateau recouvert de papier foncé.

Invitez l'enfant à ouvrir délicatement le petit trou et à bouger le cône dans tous les sens pour créer des motifs avec le sable, le sucre ou le sel.
Lorsqu'il souhaite arrêter, posez un récipient sous le cône pour récupérer le contenu. Versez-le de nouveau dans le cône lorsqu'il désire recommencer.

On peut aussi dessiner un motif avec un bâton de colle sur une grande feuille avant de laisser tomber dessus le contenu du cône. Une fois la colle sèche, on ôte l'excédent de sable (ou sucre ou sel) et on obtient un joli dessin.

On peut aussi créer des œuvres éphémères en traçant le dessin initial avec de l'eau. C'est amusant de le voir apparaître au fur et à mesure que le contenu du cône se déverse sur le plan.

Ce que l'enfant apprend

L'enfant développe sa créativité par l'expérimentation. Il retire une grande satisfaction des résultats obtenus.

Je coupe et je découpe

à partir de 2 ans	
intérieur	✓
nombre d'enfants	illimité
durée	10 minutes ou plus
aide nécessaire	✓
salissant	✓

MATÉRIEL

- **ciseaux à bouts ronds**
- **papier**
- **papier journal**
- **colle de farine colorée (facultatif)**

Ce que l'enfant apprend

Apprendre à manier les ciseaux est un processus lent et difficile. Mais cet apprentissage développe la psychomotricité fine et la coordination œil-main. Il favorise ensuite la maîtrise du crayon et du stylo.

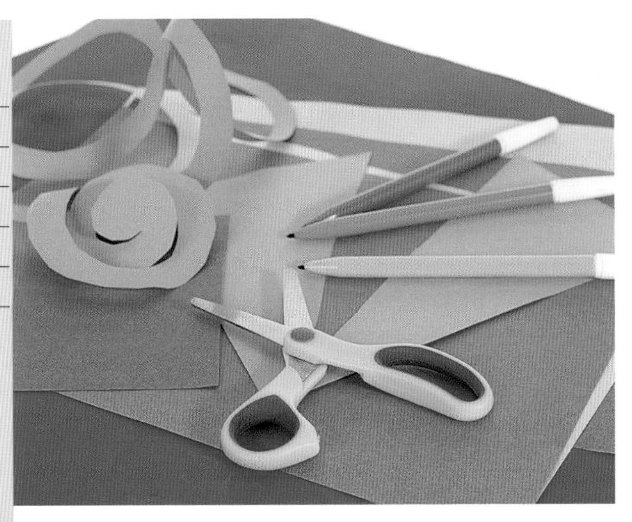

Nous avons tendance à penser que les « vrais outils » sont beaucoup trop difficiles à manier pour les jeunes enfants. Pourtant, nous n'hésitons pas à leur procurer celui qui est peut-être le plus délicat de tous : les ciseaux. Les modèles à bouts ronds sont conseillés pour les plus jeunes.

déroulement de l'activité

MANIER LES CISEAUX

Le travail de découpe fait appel à trois compétences : l'emploi des lames pour pratiquer une entaille, leur déplacement vers l'avant pour prolonger la première, et enfin, l'orientation des ciseaux dans la direction souhaitée. L'association de ces trois compétences doit s'acquérir au même titre que le maniement de n'importe quel outil.

ENTAILLER

Commencez par montrer à l'enfant comment pratiquer de simples entailles. Donnez-lui des bandes de papier étroites (pas trop fin ni trop souple), et proposez-lui de les couper en petits morceaux pour fabriquer des confettis. Demandez-lui ensuite de couper des morceaux plus grands nécessitant deux ou trois entailles. Il pourra s'amuser à laisser tomber ces morceaux sur une feuille de papier recouverte d'une couche de colle de farine (obtenue en mélangeant de la farine et de l'eau). Ajoutez-y un colorant ou de la gouache liquide pour la rendre plus visible.

FAIRE GLISSER LES CISEAUX

Montrez à l'enfant comment découper des morceaux de papier de plus en plus longs dans une feuille de papier journal en faisant glisser les ciseaux. Cette tâche très simple ravit généralement les plus jeunes.

L'enfant peut ensuite progresser en coupant de longues bandes de papier, puis en découpant le papier autour des illustrations. Entraînez-le à suivre des lignes sinueuses que vous aurez tracées.

ASSOCIER LES COMPÉTENCES

Lorsque l'enfant sait entailler et faire glisser les ciseaux, il peut associer ces deux compétences et faire des activités en rapport avec le découpage (voir par exemple pages 144-145 ou pages 116-117).

Pliages

à partir de 4 ans	
intérieur/extérieur	✓
nombre d'enfants	illimité
durée	10 minutes pour fabriquer, 30 minutes pour jouer
aide nécessaire	✓
pas salissant	✓

MATÉRIEL

- papier
- ruban adhésif
- crayon
- ciseaux
- gouache ou stylos-feutres

Ce que l'enfant apprend

L'enfant apprend à suivre des instructions et à utiliser ses mains avec des mouvements précis.

Dès leur plus jeune âge, les enfants Japonais s'initient au pliage du papier – excellente pratique pour affiner la précision des mouvements des mains. Pour obtenir des plis nets, le secret consiste à plier le papier soigneusement et à appuyer sur les plis avec un ongle.

déroulement de l'activité

AVION EN PAPIER

Pliez une feuille de papier de format A4 en deux dans le sens de la longueur, en formant un pli net. Dépliez et aplatissez la feuille, le pli en dessous (1).

Repliez les deux angles supérieurs sur le pli central (2), puis chacun des deux nouveaux angles sur le pli central (3). Répétez l'opération jusqu'à ce que vous ne puissiez plus plier correctement le papier de part et d'autre du pli central (4).

Reformez le pli central. Pour les ailes, faites un pli vers l'extérieur dans la longueur du fuselage. Placez un petit morceau de ruban adhésif à la queue pour le maintenir.

Écrivez les destinations sur les ailes des avions et faites-les voler.

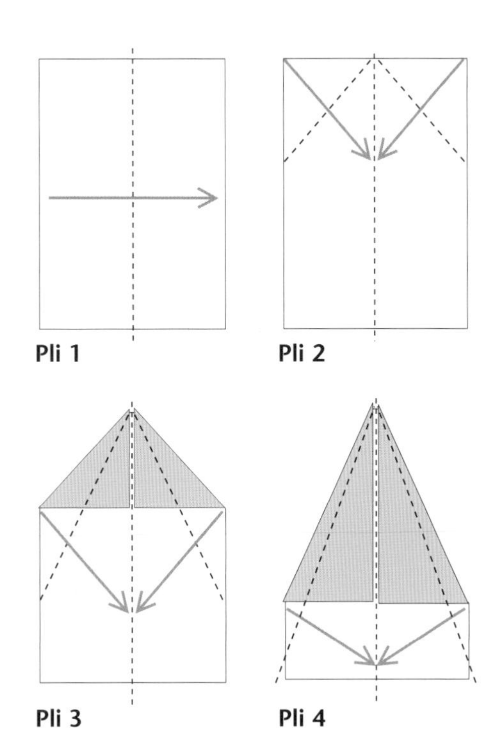

CHAPEAU EN PAPIER

Pliez un morceau de papier en deux dans le sens de la largeur en formant un pli net (1). Pliez de nouveau en deux (2), puis dépliez et aplatissez.

Repliez les angles supérieurs sur le pli central (3). Rabattez la base vers le haut (4), retournez l'ensemble et procédez de même de l'autre côté.

Écartez soigneusement les bords pour terminer le chapeau. Décorez-le avec de la peinture ou des stylos-feutres.

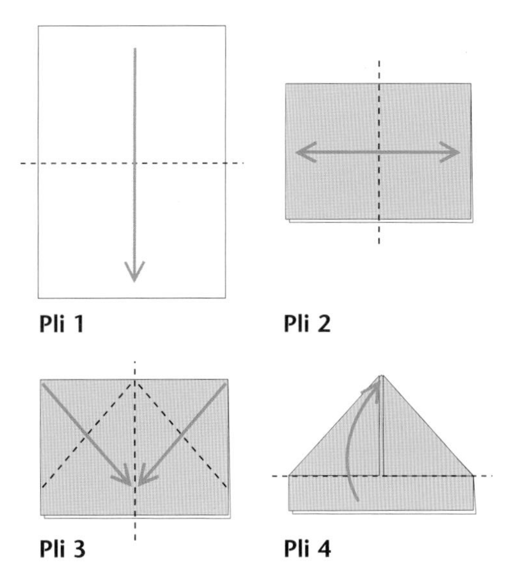

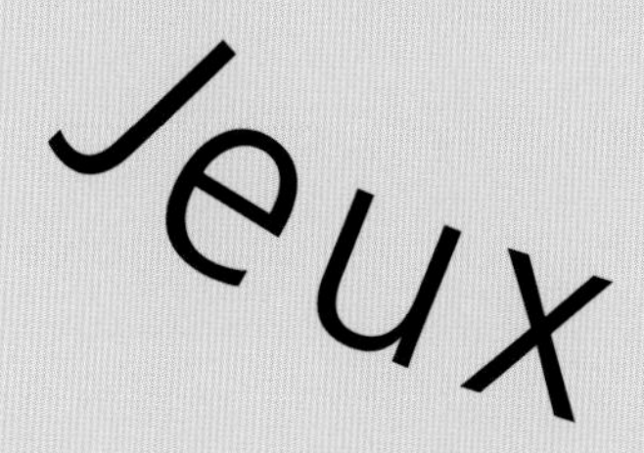
Jeux

actifs

Lancer et viser

3 à 6 ans	
intérieur/extérieur	✓
nombre d'enfants	illimité
durée	10 minutes à 1 heure
aide nécessaire	au départ
pas salissant	✓

MATÉRIEL

- papier journal, chaussettes, balles en mousse, avions en papier et balles lestées pour lancer
- seaux et sacs pour rattraper les objets
- riz, haricots ou morceaux de polystyrène et petits sacs de congélation pour les balles lestées
- musique

Ce que l'enfant apprend

L'enfant apprend à lancer des objets et à viser. Ces activités développent la coordination œil-main et le sens de l'espace. Le partage des jeux dans la bonne humeur favorise la socialisation.

Ces jeux peuvent être organisés dans un petit appartement à condition d'utiliser une balle de papier journal froissé et de ranger les objets fragiles. Dans le jardin, les enfants pourront jouer avec de vraies balles, les modèles en mousse ou les balles lestées convenant mieux aux plus jeunes.

déroulement de l'activité

APPRENDRE À LANCER

Fabriquez des balles avec du papier journal et invitez les enfants à les lancer. Pour deux enfants, organisez une bataille. Attribuez à chacun un fauteuil que vous remplissez de balles en papier ; ils pourront les lancer à travers la pièce, ou sur le fauteuil de l'adversaire.

Récupérez des chaussettes usagées dans un sac, enroulez-les en forme de balles et placez-les dans un seau à une extrémité de la pièce. Allumez la musique et invitez les enfants à danser tout autour. Dès que la musique s'arrête, ils doivent se précipiter vers le seau et lancer les chaussettes jusqu'à ce que la musique reprenne. Ils doivent ensuite ramasser les chaussettes et les remettre dans le seau avant de recommencer le jeu.

APPRENDRE À VISER

Drôles de quilles

Ce jeu est idéal pour un anniversaire. Récupérez des chaussettes et enroulez-les en boules. Séparez les enfants en deux équipes : les joueurs, et ceux qui tiennent le rôle des quilles. Les quilles se placent debout à une extrémité de la pièce, le dos tourné vers les joueurs. Ces derniers essaient d'atteindre les quilles avec les chaussettes. Lorsqu'elles sont touchées, elles tombent par terre. Lorsqu'elles sont toutes tombées, les deux équipes échangent les rôles.

Avions en papier

Un joueur doit lancer des avions en papier (voir page 167) et un autre les rattrape dans un sac pendant un laps de temps défini par un morceau de musique. On peut aussi faire plusieurs équipes de deux

enfants et organiser un petit concours : l'équipe gagnante est celle qui récupérera le plus d'avions.

Balles lestées

Les balles lourdes sont plus faciles à lancer que les légères. Versez du riz dans un petit sac à congélation, puis fermez-le pour improviser une balle lestée. Vous pouvez remplacer le riz par des haricots ou des morceaux de polystyrène.

Pour se défouler

2 à 5 ans	
intérieur/extérieur	✓
nombre d'enfants	illimité
durée	10 minutes
aide nécessaire	✓
pas salissant	✓

MATÉRIEL

- musique
- chiffons (facultatif)

Ce que l'enfant apprend

Ces jeux ne constituent pas des apprentissages à proprement parler; ils les favorisent. Ils permettent aux enfants de se préparer à une activité exigeant de la concentration.

Avant d'entreprendre une activité demandant de la concentration, les enfants doivent retrouver leur calme, s'ils sont agités. Ce conseil est surtout valable pour les moins de 5 ans. Laissez-les danser ou proposez-leur des jeux actifs pour évacuer l'énergie contenue. Ils seront ensuite dans de meilleures dispositions pour entreprendre une tâche un peu délicate.

déroulement de l'activité

Allumez la musique et dansez avec les enfants. Si votre plancher a besoin d'être astiqué, attachez des chiffons aux pieds des enfants et laissez-les faire le travail à votre place!

Ce genre d'exercice peut aussi participer au rituel du coucher. Faites-le suivre d'un bain relaxant, puis d'une histoire, accompagnée éventuellement d'un verre de lait chaud.

Le téléphone arabe

Rien de tel que les rires pour détendre les enfants… ils sont assurés avec le jeu du téléphone arabe. Les enfants sont assis en cercle. Vous chuchotez une phrase à l'oreille du premier enfant. Il doit répéter à son voisin ce qu'il a entendu, et ainsi de suite jusqu'au bout du cercle. Vous découvrirez alors le message totalement transformé.

Vous pouvez aussi proposer le jeu du « Fermier dans son pré ». L'enfant qui joue le fermier est au centre. Les autres tournent autour de lui en chantant. La chanson est mimée de telle sorte qu'à chaque couplet un enfant de plus se trouve au centre de la ronde.

Le fermier dans son pré (bis)
Oh hé oh hé oh hé oh hé le fermier dans son pré.

Chaque phrase est répétée comme ci-dessus.

Le fermier prend sa femme
La femme prend son enfant
L'enfant prend sa nourrice
La nourrice prend son chat
Le chat prend la souris
La souris prend le fromage
Le fromage est battu.

Au dernier couplet, tous les enfants font semblant de battre le joueur désigné.

Le lion endormi

Dans l'excitation d'une fête, ce jeu marquera un changement de rythme bienvenu autant pour les parents que pour les enfants. Il est tout indiqué pour un groupe d'enfants, mais il peut aussi convenir pour un seul.

Le but du jeu consiste à faire semblant de dormir le plus longtemps possible. Tous les joueurs sauf un sont allongés par terre. Ils ne doivent pas bouger, ils peuvent seulement respirer. Celui qui est surpris en train de bouger par « l'observateur » le rejoint. Le jeu se poursuit jusqu'à ce qu'il ne reste plus qu'un enfant par terre.

Stop musique !

3 à 6 ans	
intérieur/extérieur	✓
nombre d'enfants	illimité
durée	10 minutes ou plus
aide nécessaire	✓
pas salissant	✓

MATÉRIEL

- musique
- chaises
- coussins

Ce que l'enfant apprend

L'enfant apprend à jouer avec d'autres. En bougeant au son de la musique, il se familiarise avec le rythme. Ces jeux lui permettent aussi d'évacuer le trop-plein d'énergie.

Ces quatre jeux traditionnels inspirés du même thème conviennent aussi bien à un seul enfant – pour se calmer avant d'aller au lit –, qu'à plusieurs – pendant une fête d'anniversaire par exemple. Il suffit de prévoir un espace approprié et de la musique.

déroulement de l'activité

STATUES MUSICALES

Les enfants dansent jusqu'à ce que la musique s'arrête. Ils doivent alors rester dans la position où ils sont. L'observateur (un adulte) touche ceux qu'il voit bouger, et ils le rejoignent pour surveiller les autres.

CHOCS MUSICAUX

Les enfants dansent en se cognant les fesses ou les hanches lorsqu'ils se rencontrent. Lorsque la musique s'arrête, ils doivent tous s'asseoir. Le dernier

assis sort du jeu. Le jeu se poursuit jusqu'à ce qu'il ne reste qu'un seul enfant.

COUSSINS MUSICAUX

Empilez des coussins dans le coin d'une pièce et allumez la musique pour que les enfants dansent. Lorsqu'ils passent devant les coussins, arrêtez la musique. Ils doivent alors tomber sur les coussins. Celui qui reste debout sort du jeu.

CHAISES MUSICALES

Alignez des chaises en les disposant en cercle et dos à dos. Prévoyez une chaise de moins que le nombre de joueurs. Les enfants dansent autour des chaises au son de la musique. Lorsqu'elle s'arrête, ils doivent s'asseoir sur une chaise. Celui qui reste debout sort du jeu. Retirez une chaise à chaque fois que le jeu reprend et continuez jusqu'à ce qu'il ne reste qu'un seul enfant.

Vert, orange, rouge !

3 à 6 ans	
intérieur/extérieur	✓
nombre d'enfants	4 ou plus
durée	10 minutes ou plus
aide nécessaire	✓
pas salissant	✓

MATÉRIEL
aucun

Ce que l'enfant apprend

L'enfant apprend à partager des jeux dans la bonne humeur; à anticiper les gestes des autres (compétence importante à partir de 4 ans).
Tout indiqués pour des fêtes d'anniversaires, ces jeux favorisent la coopération plutôt que la compétition: ce qui compte, ce n'est pas de gagner, mais de jouer!

Les jeux traditionnels qui se transmettent de génération en génération doivent leur succès au fait que les enfants se retrouvent ensemble pour partager des activités simples. Ceux proposés ci-dessous les entraînent à observer et à anticiper les gestes des autres.

déroulement de l'activité

ROUGE, VERT!
Un enfant, le feu vert, se tient debout, le dos tourné vers les autres. Lorsqu'il crie « Vert! », les autres avancent vers lui à quatre pattes pour essayer de toucher le feu. De temps en temps, il crie « Rouge! » et se retourne. Les autres enfants doivent alors rester immobiles. Celui qui est pris en train de bouger devient le feu.

« 1 2 3 Soleil! » se déroule selon le même principe. Le joueur désigné joue le rôle de sentinelle, debout face à un mur. Les autres, alignés derrière à quelque distance, doivent avancer pendant qu'il compte, et rester immobiles lorsqu'il se retourne en disant « Soleil ! ». Celui qui est pris en train de bouger doit retourner à son point de départ.

LA CIRCULATION
Un enfant donne les instructions. Le dernier à commencer l'action sort du jeu. Les joueurs doivent aussi sortir s'ils miment mal l'action. Le dernier joueur à sortir donne ensuite les instructions.

Au cri ROUGE, les enfants doivent rester immobiles.
Au cri VERT, ils doivent courir.

Au cri PAR TERRE, ils doivent se coucher par terre.

Au cri PONT, ils doivent se courber en forme d'arches.

Au cri BOUCHON, ils doivent avancer à quatre pattes aussi lentement que possible.

Cache-cache !

Les jeux de cache-cache existent depuis des générations, attestant leur popularité. Nous vous proposons ci-dessous quelques variantes sur le même thème.

3 à 6 ans	
intérieur/extérieur	✓
nombre d'enfants	3 ou plus
durée	une demi-journée
aide nécessaire	✓
pas salissant	✓

MATÉRIEL
aucun

déroulement de l'activité

Dans le jeu de base, le joueur désigné compte à voix haute jusqu'à dix (ou vingt, ou un autre nombre) en cachant son visage pendant que les autres partent se cacher. Lorsqu'il a fini de compter, il va les chercher. Lorsqu'il les trouve, il doit les toucher avant qu'ils regagnent le point de départ.

LE PETIT POUCET

Le Petit Poucet se met en route, parsemant son chemin de cailloux. Arrivé à ce qu'il pense être le bout du parcours, il trace une croix sur le sol. Puis il court se cacher dans les environs immédiats. Les autres joueurs partent alors à sa recherche en suivant ses traces. Le gagnant est celui qui, arrivé au bout de chemin, déniche le premier le Petit Poucet et le fait sortir de sa cachette.

LA SARDINE

Dans ce jeu, un joueur tiré au sort, la sardine, se cache pendant que les autres comptent ensemble à voix haute, les yeux fermés. Puis ils partent à sa recherche. Le premier qui la trouve se cache avec elle. Le suivant se serre avec eux dans la cachette, et ainsi de suite. Le dernier arrivé devient la sardine au tour suivant.

Ce que l'enfant apprend

L'enfant apprend
à comprendre et à respecter des règles simples ;
à partager des jeux avec d'autres enfants ;
à anticiper ce que les autres vont faire. Le plaisir de jouer compte davantage que celui de gagner.

Jeux de poursuite

3 à 6 ans	
extérieur	✓
nombre d'enfants	6 ou plus
durée	10 minutes ou plus
aide nécessaire	✓
pas salissant	✓

MATÉRIEL
aucun

Ce que l'enfant apprend

L'enfant apprend à jouer avec d'autres et à anticiper ce qu'ils vont faire (compétence importante pour un enfant de 4 ans). Ces jeux sont tout indiqués pour les fêtes d'anniversaire – le plaisir de jouer l'emportant sur celui de gagner.

Également traditionnels, les jeux de poursuite offrent aux enfants l'occasion de s'amuser entre eux en toute simplicité. Dans les deux propositions ci-dessous, ils doivent observer et prévoir ce que feront les autres. Ces jeux, toniques, nécessitent six joueurs au minimum.

déroulement de l'activité

CORBEAUX ET GRUES

Partagez les enfants en deux équipes : les corbeaux et les grues. Dans le cas d'un nombre impair, l'enfant qui reste donne les instructions, sinon, c'est un adulte.

Les équipes s'alignent sur deux côtés opposés du jardin, chacune derrière une ligne. Au cri « Avancez! », elles avancent l'une vers l'autre.

Au cri « Corbeaux! » ou « Grues! », l'équipe désignée doit courir après l'autre équipe vers sa ligne. Les joueurs pris rejoignent l'autre camp. Le jeu s'arrête lorsque tous les joueurs d'une équipe ont été attrapés.

LES POULES, LES RENARDS ET LES VIPÈRES

Partagez les enfants en trois équipes : celle des poules, celle des renards et celle des vipères. Les renards doivent attraper les poules, qui doivent attraper les vipères, qui doivent attraper les renards.

Quand un enfant est attrapé, il devient de la même espèce que son prédateur et change donc de camp. Chaque équipe dispose d'un habitat dans lequel elle est hors de danger.

Le jeu se termine quand il ne reste plus qu'une espèce.

Partie de football

3 à 6 ans	
intérieur	✓
nombre d'enfants	2 (ou 1 enfant et 1 adulte)
durée	10 minutes ou plus
aide nécessaire	au départ
pas salissant	✓

MATÉRIEL

- table
- une boîte à chaussures coupée en deux, ciseaux et Patafix pour les cages
- 1 balle de ping-pong
- 2 pailles

Ce que l'enfant apprend

Le partage du jeu et des rires permet de tisser des liens. Ce jeu développe la maîtrise de la respiration et le sens de l'espace.

Ce jeu simple peut être partagé par deux enfants, ou un enfant et un adulte. Il suffit de réunir une table, une balle de ping-pong, deux pailles et deux cages de buts.

déroulement de l'activité

Une boîte à chaussures coupée en deux permettra d'improviser deux cages. Fixez-les aux deux extrémités de la table avec de la Patafix.

Donnez une paille à chaque enfant et laissez-les souffler dedans pour déplacer la balle. L'objectif du jeu consiste à la faire entrer dans la cage de buts de l'adversaire et à l'empêcher de pénétrer dans sa propre cage.

Sautez, sautez !

Ce jeu très prisé des moins de 5 ans est tout à fait indiqué lorsqu'un enfant a besoin de se détendre. Si vous avez plusieurs enfants sous votre surveillance, soyez très vigilant.

déroulement de l'activité

Posez des coussins au pied de l'escalier et laissez l'enfant sauter dessus. Pour éviter les accidents, fixez une hauteur limite et surveillez bien l'enfant. Il peut aussi sauter du lit ou du canapé sur des coussins et des couettes.

En tenant la main de l'enfant, laissez-le marcher sur un muret et sauter, une fois arrivé au bout.

Posez une planche sur deux briques. Invitez l'enfant à marcher dessus et à sauter à l'extrémité.

à partir de 3 ans	
intérieur/extérieur	✓
nombre d'enfants	illimité
durée	10 minutes ou plus
aide nécessaire	surveillance
pas salissant	✓

MATÉRIEL

- **escalier, lit ou canapé**
- **coussins ou oreillers et couettes**
- **muret**
- **planches ou étagères**
- **briques**

Ce que l'enfant apprend

Le saut développe la maîtrise du souffle, les capacités physiques et le sens de l'espace. Partagé avec d'autres enfants, ce jeu permet de tisser des liens dans la bonne humeur.

Jeux d'eau

3 à 6 ans	
extérieur/intérieur	✓
nombre d'enfants	illimité
durée	10 minutes à une demi-journée
aide nécessaire	✓
salissant	humide

MATÉRIEL

- eau
- tuyau d'arrosage, arroseur, pataugeoire
- jouets pour le bain
- ballons de baudruche
- bâtons d'Esquimau
- assiettes en plastique
- balles de ping-pong
- seau

Ce que l'enfant apprend

Apprendre à esquiver et à changer de direction en courant est essentiel pour les jeunes enfants. Ces jeux susciteront rires et bonne humeur, scellant des amitiés.

L'eau fascine les enfants. Est-ce la manière dont elle réfléchit la lumière du soleil, ou la simple sensation de son contact sur la peau ? Un jour de chaleur, rien de tel qu'un tuyau d'arrosage pour amuser un groupe d'enfants dans le jardin.

déroulement de l'activité

Sortez le tuyau d'arrosage, réglez-le sur la position pluie fine et courez après les enfants à travers le jardin pour les asperger. Ou bougez le jet d'eau comme une corde à sauter, et invitez les enfants à sauter par-dessus.

Installez un arroseur et laissez les enfants s'amuser avec le jet d'eau.

Sortez la pataugeoire et les jouets pour le bain, et laissez jouer les enfants en les surveillant bien.

Versez un peu d'eau dans des ballons de baudruche, gonflez-les et regardez comment ils bougent.

Organisez une course avec des bâtons d'Esquimau dans la pataugeoire. Laissez-les tomber dans l'eau et montrez aux enfants comment agiter l'eau derrière avec une assiette en plastique (ou la main). Ce jeu peut aussi se faire dans la baignoire.

Remplissez un seau d'eau et donnez deux ou trois balles de ping-pong à l'enfant. Il prend une balle et, en la tenant fermement, il plonge sa main dans l'eau. Puis il lâche la balle qui monte à la verticale. Ce jeu peut aussi se faire dans la baignoire.

Jeux de quilles

Dans des espaces restreints, à l'intérieur, des balles peuvent être improvisées avec du papier journal froissé, en prenant soin d'écarter les objets fragiles. Si votre enfant apprécie ce genre de jeux, les quilles sont tout indiquées, car il fera rouler la balle au lieu de la lancer.

déroulement de l'activité

Vous pouvez acheter des quilles, ou en fabriquer avec des bouteilles en plastique fermées, remplies d'eau colorée. Adaptez la quantité d'eau dans les bouteilles en fonction de la taille de la balle et de l'âge de l'enfant. Plus les quilles sont légères, plus elles sont faciles à renverser, et moins elles exigent de force.

Vous pouvez décorer les bouteilles à votre guise. Commencez par les enduire d'une couche de colle à bois diluée (une de colle pour quatre d'eau). Décorez-les ensuite avec de la peinture ou des crayons-feutres.

Installez les quilles, tracez une ou plusieurs lignes de départ (les enfants plus âgés enverront la balle de plus loin). Les enfants visent et font rouler la balle à tour de rôle. L'objectif du jeu consiste à être le premier à renverser toutes les quilles en un minimum de fois.

à partir de 3 ou 4 ans	
intérieur/extérieur	✓
nombre d'enfants	illimité
durée	10 minutes ou plus
aide nécessaire	au départ
pas salissant	✓

MATÉRIEL

- **bouteilles en plastique avec bouchon à vis, eau et colorant (facultatif) pour fabriquer les quilles**
- **balle**
- **colle à bois diluée, peinture, pinceau ou crayons-feutres pour décorer (facultatif)**

Ce que l'enfant apprend

L'enfant apprend à viser avec précision. Les jeux de quilles développent sa conscience de l'espace et sa manière d'évoluer dans celui-ci.

Gare aux requins !

4 à 6 ans

intérieur/extérieur	✓
nombre d'enfants	illimité
durée	10 minutes ou plus
aide nécessaire	✓
pas salissant	✓

MATÉRIEL

- papier journal, assiettes en carton, briques en terre cuite ou pots de fleurs pour le gué
- muret
- bandes de carton pour les sentiers (facultatif)

Ce que l'enfant apprend

Ce jeu développe le sens de l'équilibre. Il suscite les rires et la bonne humeur, favorisant la socialisation.

Ce jeu est excellent pour développer l'équilibre en s'amusant.

déroulement de l'activité

Aménagez un gué au travers d'une mer imaginaire. Pour les jeunes enfants, choisissez des assiettes en carton ou des journaux pliés. Pour les plus âgés, des briques de terre cuite ou des pots de fleurs conviendront mieux (à condition de les surveiller). Les « pierres du gué » doivent être suffisamment proches les unes des autres pour être accessibles aux enfants, mais assez espacées pour que le jeu représente un défi.

Le principe du jeu est simple : la mer étant infestée de requins, le seul moyen de la traverser consiste à monter sur les pierres. Si l'enfant pose un pied dans la mer, les requins le mordent.

Ce jeu peut se transformer en véritable course d'obstacles si vous ajoutez des murets, des sentiers réalisés avec des bandes de carton, des obstacles que les enfants doivent escalader ou sous lesquels ils doivent passer.

Marcher sur des échasses

5 ou 6 ans	
intérieur/extérieur ✓	
nombre d'enfants	illimité
durée	10 minutes ou plus
aide nécessaire	pour fabriquer les échasses
pas salissant	✓

MATÉRIEL
- **2 pots de fleurs en plastique**
- **mètre ruban**
- **ficelle**
- **ciseaux**
- **brochette pour faire les trous**

Ce que l'enfant apprend
Ce jeu développe l'équilibre. Il suscite aussi les rires et la bonne humeur, et favorise la socialisation.

Pour ce jeu, vous pouvez acheter de petites échasses pour de jeunes enfants, ou les fabriquer vous-même avec des pots de fleurs en plastique.

déroulement de l'activité

Demandez à l'enfant de poser ses mains sur ses hanches et mesurez la distance de ses mains à ses pieds. Coupez deux morceaux de ficelle mesurant deux fois cette longueur.

Prenez deux pots de fleurs en plastique de taille identique et faites deux trous avec une brochette – un de chaque côté, juste au-dessous du bord. Glissez la ficelle dans chaque trou et faites un nœud pour la maintenir en place.

L'enfant doit monter sur les pots retournés, et marcher en tenant les ficelles.

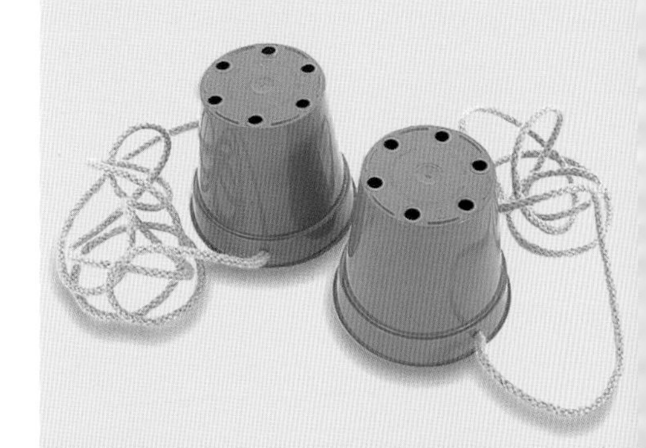

Sous le pont

3 à 6 ans

intérieur/extérieur	✓
nombre d'enfants	6 ou plus
durée	10 minutes ou plus
aide nécessaire	✓
pas salissant	✓

MATÉRIEL

- musique (facultatif)

Ce que l'enfant apprend

L'enfant prend plaisir à jouer avec d'autres. Les rimes et le rythme de la chanson exercent l'enfant à entendre les sons qui forment les mots, excellent entraînement à la lecture et à l'orthographe.

Ces jeux nécessitent chacun la participation d'au moins six joueurs. Comme la plupart des jeux traditionnels, ils offrent aux enfants la possibilité de s'amuser en toute simplicité, sans matériel particulier.

déroulement de l'activité

La p'tite hirondelle

Deux enfants forment un pont avec leurs bras et les autres passent dessous à la queue leu leu. Ils tournent en rond en chantant :

Qu'est-ce qu'elle a donc fait
la p'tite hirondelle ?
Elle nous a volé
trois p'tits sacs de blé.

Nous la rattrap'rons
la p'tite hirondelle
Et nous lui donn'rons
trois p'tits coups
de bâton.
Un deux trois !

Au chiffre un, les enfants qui forment le pont baissent les bras. Au chiffre deux, ils les lèvent. Au chiffre trois, ils les baissent pour ne plus les remonter. Celui qui est pris se place derrière l'un des deux enfants pour prolonger le pont. Le jeu continue jusqu'à ce que tous les enfants soient capturés.

Poissons-pêcheurs

Les pêcheurs forment un cercle en se tenant par la main. Les poissons se tiennent à l'extérieur du cercle. Pendant que les pêcheurs comptent jusqu'à vingt (ou un autre nombre) en baissant et en levant les bras, les poissons s'amusent à entrer dans le cercle et à en sortir. À vingt, les pêcheurs baissent les bras. Les poissons qui se trouvent à l'intérieur du cercle sont faits prisonniers et rejoignent les pêcheurs. Le jeu se poursuit jusqu'à ce qu'il ne reste plus de poissons.

Sous les arches

Un enfant est désigné comme étant le danseur. Les autres forment un cercle en se tenant par les mains et en levant les bras pour former une suite d'arches. Ce jeu est plus intéressant accompagné de musique.

Le danseur s'amuse à passer sous les arches. Il s'arrête devant un joueur pour en faire son « suiveur ». Le danseur mène la danse, tandis que le suiveur suit en imitant le danseur. Une fois qu'ils ont fait le tour du cercle en sautillant et en passant sous les arches, ils se saluent et le danseur prend la place du suiveur, qui devient le nouveau danseur.
Le jeu recommence.

Alouette, gentille alouette...

à partir de 3 ans	
intérieur/extérieur	✓
nombre d'enfants	illimité
durée	10 minutes ou plus
aide nécessaire	✓
pas salissant	✓

MATÉRIEL

aucun

Ce que l'enfant apprend

L'enfant apprend à jouer avec les autres. Les rimes et le rythme des chansons exercent son oreille à entendre les sons qui forment les mots. Ces chansons constituent un excellent entraînement à la lecture et à l'orthographe. Elles familiarisent les enfants avec les différentes parties du corps.

Idéales pour animer une fête d'anniversaire, ces chansons à mimer remplissent aussi agréablement un moment libre.

déroulement de l'activité

Alouette, gentille alouette

Je te plumerai le bec (bis)
Et le bec (bis)
Et la tête (bis)
Alouette (bis)
Ah !

Les enfants chantent en touchant chaque fois la partie du corps mentionnée.

REFRAIN : *Alouette, gentille alouette Alouette, je te plumerai.*

Je te plumerai la tête (bis)
Et la tête (bis)
Alouette (bis)
Ah !

On plume ensuite les yeux, le cou, les ailes, les pattes, la queue en répétant à chaque couplet toutes les parties déjà plumées.

Mon âne, mon âne a bien mal à la tête

Cette chanson se déroule selon le même principe. Vous pouvez inventer facilement des couplets.

Mon âne, mon âne a bien mal à la tête.
Madame lui a fait faire un bonnet pour sa tête.
Un bonnet pour sa tête.
Et des souliers lilas la la, et des souliers lilas.

Mon âne, mon âne a bien mal aux oreilles.
Madame lui a fait faire un' pair' de boucles d'oreilles.
Une paire de boucles d'oreilles.
Un bonnet pour sa fête.
Et des souliers lilas, la la, et des souliers lilas.

Mon âne, mon âne a bien mal à ses yeux.
Madame lui a fait faire une paire de lunettes bleues.

À la queue leu leu

De nombreux jeux existent sur ce thème : les enfants avancent à la queue leu leu en mimant les gestes du meneur. Nous vous proposons ci-dessous deux suggestions, une s'adressant aux plus jeunes, l'autre aux enfants de 5 à 6 ans.

déroulement de l'activité

EN FILE INDIENNE

Un enfant mène le jeu, le suivant se tient à son vêtement – ou à une corde –, et ainsi de suite jusqu'à ce que tous les enfants forment une chaîne. Ils doivent avancer en faisant le même geste que le meneur : lever la main ou la poser sur la hanche, s'asseoir, toucher leur pied. Ils peuvent aussi simplement sautiller au rythme de la musique, ou chantonner.

2 à 6 ans	
intérieur/extérieur	✓
nombre d'enfants	illimité
durée	10 minutes ou plus
aide nécessaire	✓
pas salissant	✓

MATÉRIEL

- musique (facultatif)

Ce que l'enfant apprend

L'enfant apprend à jouer avec les autres et à mimer des gestes.

Le petit train

Les enfants forment une chaîne en posant leurs mains autour de la taille de celui qui se trouve devant eux. Le petit train avance, puis recule, fait un virage à droite, puis à gauche. Lorsqu'il passe sous un tunnel, tout le monde se courbe en deux. Accélération, puis freinage brutal. Le premier qui tombe devient la locomotive.

Jouer à la corde

3 à 6 ans	
extérieur	✓
nombre d'enfants	illimité
durée	10 minutes ou plus
aide nécessaire	au départ
pas salissant	✓

MATÉRIEL
- **2 cordes à sauter**

Ce que l'enfant apprend

L'enfant apprend à aimer les activités physiques, à s'amuser avec d'autres enfants et à réagir à des consignes.

L'un des plus anciens jeux du monde, la corde à sauter est toujours d'actualité. Avant de savoir sauter, les plus jeunes enfants peuvent néanmoins s'amuser avec la corde.

déroulement de l'activité

Pour les plus jeunes, posez la corde par terre comme un serpent. Ils doivent marcher sur son dos.

Dans le jeu de base de la corde à sauter, deux enfants tournent la corde pendant qu'un autre saute. Ils échangent ensuite les rôles. Le jeu peut s'accompagner de chansons comme *Un deux trois, nous irons au bois* (voir pages 44-45).

En haut, en bas

Ce jeu est plus amusant à plusieurs. Deux enfants tiennent la corde. Au cri « Sous les étoiles ! », ils la tiennent en hauteur et les autres passent sous la corde en courant. Au cri « Sur la lune ! », ils tiennent la corde en bas, et les enfants sautent par-dessus. Ils doivent parfois sauter haut, parfois ramper sous la corde.

Le tire-cordes

Formez deux équipes dont vous délimiterez le territoire par une ligne tracée au sol. Chacune des équipes tire l'une des extrémités de la corde ; les gagnants sont ceux qui parviennent à tirer l'équipe adverse jusque dans leur territoire.

Course d'obstacles

2 à 6 ans	
intérieur/extérieur	✓
nombre d'enfants	illimité
durée	10 minutes à 1 heure
aide nécessaire	✓
pas salissant	✓

MATÉRIEL

- *au choix :* assiettes en carton, cordes, boîtes en carton, cerceaux, ballons, seaux, marches, oreillers, écharpes pour attacher les jambes et bander les yeux, trampoline

Ce que l'enfant apprend

L'enfant apprend à garder l'équilibre, à viser et à faire des mouvements précis. Il prend conscience de l'espace et se familiarise avec les activités physiques en s'amusant avec d'autres.

La réalisation de puzzles n'est pas le seul moyen de développer les compétences spatiales chez l'enfant. Une course d'obstacles ou une course de relais – au cours desquelles il doit trouver son chemin, lancer et viser – l'aident à orienter son corps dans l'espace, à comprendre comment les objets bougent en relation avec son corps. Générateurs de bonne humeur, ces jeux permettent aux enfants d'évacuer le trop-plein d'énergie en prévision d'activités calmes exigeant de la concentration.

déroulement de l'activité

Une course d'obstacles regroupe une série d'épreuves qui peuvent être effectuées par un seul enfant ou par plusieurs sous la forme d'une compétition. Choisissez dans la liste suivante quatre ou cinq épreuves pouvant s'enchaîner :

- Courir aussi vite que possible
- Sautiller, sauter à cloche-pied ou à pieds joints sur une courte distance (ou enchaîner les trois manières de sauter les unes après les autres)
- Marcher d'une manière amusante, par exemple en canard
- Marcher les yeux bandés
- Sauter un petit fossé
- Avancer à quatre pattes
- Avancer en se tortillant sur le ventre
- Dévaler une pente en roulant
- Marcher sur une planche, une poutre ou un muret
- Marcher sur des assiettes en carton sans toucher le sol
- Sauter par-dessus une corde
- Passer sous une corde
- Traverser en rampant un grand carton ouvert des deux côtés
- Passer un cerceau au-dessus de la tête, puis en ressortir
- Lancer un ballon dans un seau
- Faire tenir un livre en équilibre sur la tête
- Sauter avec les deux pieds dans une taie d'oreiller
- Faire des galipettes
- Faire des sauts de lapin
- Faire la brouette avec un autre enfant
- Transporter un enfant sur son dos
- Attacher l'un des deux pieds à celui d'un enfant et essayer de courir ensemble
- Escalader les barreaux d'une cage
- Sauter d'une marche
- Sauter sur un trampoline

Jeux

d'imagination

Mon univers

2 à 6 ans	
intérieur	✓
nombre d'enfants	illimité
durée	30 minutes ou plus
aide nécessaire	au départ
pas salissant	✓

MATÉRIEL

- **peluches et poupées**
- **appareils ménagers miniatures**
- **livres et vidéos**
- **déguisements**
- **voitures ou personnages**
- **figurines miniatures**

Ce que l'enfant apprend

L'enfant apprend à mémoriser ses expériences et à parler de sa vie; à mettre en scène des moments de la vie quotidienne et à jouer des rôles.

Les jeux d'imagination consistent à mettre en scène des histoires. À un âge où les enfants ont des difficultés à organiser leurs pensées sous forme de mots, ils jouent avec leurs expériences quotidiennes, leurs préoccupations et les événements qui ponctuent leur vie. Un peu de matériel suffit à stimuler leur imagination.

déroulement de l'activité

Pour permettre à votre enfant de jouer à loisir, offrez-lui des versions miniatures d'appareils ménagers tels que cuisinière, aspirateur, fer à repasser, balai et pelle.

Un enfant qui a un petit frère ou une petite sœur a besoin d'un « bébé » dont il pourra s'occuper – peluches ou poupée –, et de quelques accessoires : couches, biberon, berceau.

Si votre enfant vient d'entrer à l'école maternelle, procurez-lui des figurines miniatures pour animer sa propre école.

Inutile de lui fabriquer un train avec des cartons s'il n'est jamais monté dans un train. Commencez par lui proposer un petit voyage dans ce moyen de transport. Fournissez-lui ensuite le matériel adéquat.

Dans les livres et les vidéos, il trouvera des histoires qui s'intègrent dans son expérience et dans ses jeux. Les unes et les autres constituent une source d'inspiration précieuse pour construire ses propres récits.

Les conversations qu'il entend autour de lui et les observations qu'il fait lui fournissent des matériaux pour créer son univers. S'il ignore ce que recouvre le terme « travail », il sait qu'il faut se lever tôt le matin pour se préparer et s'y rendre en voiture, en métro ou en train.

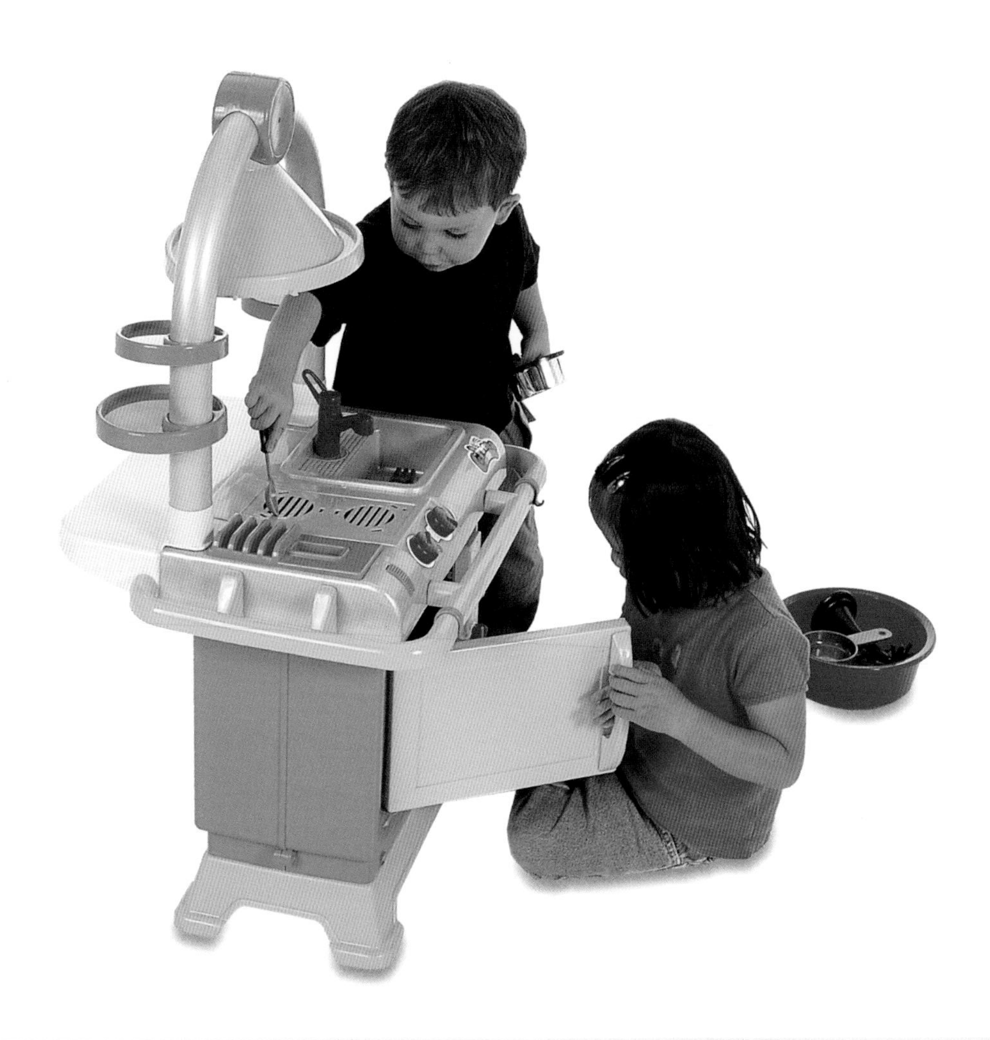

Acteur ou metteur en scène

Parfois, l'enfant est un acteur jouant un rôle. Dans ce cas, il aime avoir à sa disposition des objets miniatures, mais suffisamment grands pour être manipulés aisément, par exemple pour jouer au papa et à la maman.

À d'autres moments, il est metteur en scène, se situant en dehors de l'action. Il s'amuse à déplacer ses voitures sur les routes ou ses animaux dans un parc imaginaire.

Tantôt l'enfant s'implique entièrement dans son rôle, exploitant tout le matériel nécessaire, tantôt il choisit de s'amuser avec un seul accessoire – par exemple une robe de mariée, même s'il n'a pas décidé de jouer à la mariée.

Le marchand de chaussures

à partir de 3-4 ans	
intérieur	✓
nombre d'enfants	illimité
durée	30 minutes ou plus
aide nécessaire	au départ
pas salissant	✓

MATÉRIEL

- chaussures et boîtes à chaussures
- chaises ou canapé
- morceau de carton et crayon
- caisse enregistreuse et argent
- sacs

Ce que l'enfant apprend

L'enfant apprend à se remémorer ses expériences. Il découvre la complexité de l'achat. En mettant en scène des épisodes de sa vie quotidienne, il comprend mieux ce qui se passe autour de lui.

Pour construire leurs jeux d'imagination, les enfants s'appuient sur des expériences récentes. Si vous venez d'acheter une paire de chaussures à votre enfant, invitez-le à ouvrir un magasin de chaussures et à jouer au marchand.

déroulement de l'activité

Commencez par ramasser les chaussures qui traînent dans la maison et par les ranger sur une étagère.

Ensuite, alignez les chaises de la salle à manger ou utilisez le canapé pour que les clients puissent s'asseoir. L'enfant a aussi besoin d'un morceau de carton sur lequel seront dessinés deux pieds et indiqués des numéros pour mesurer les pieds.

Récupérez des boîtes dans un magasin de chaussures. Une fois le jeu terminé, elles permettront de ranger crayons-feutres et petits jouets. Prévoyez une caisse enregistreuse pour le règlement et des sacs pour emporter les chaussures. Si vous payez généralement avec une carte de crédit, fournissez une fausse carte à votre enfant.

Chez l'épicier

Les jeux d'imagination s'appuyant sur l'expérience de l'enfant, rien de tel que de jouer à l'épicier... ou au supermarché !

déroulement de l'activité

Lorsque vous vous rendez à l'épicerie de votre quartier, n'hésitez pas à emmener votre enfant avec vous – cette expérience lui sera utile. Si vous fréquentez uniquement le supermarché, son jeu ne sera pas tout à fait le même, et il aura besoin d'un matériel différent.

Récupérez des emballages vides. Ils seront également précieux pour réaliser des constructions en carton (voir pages 214-215). Laissez l'enfant prendre des boîtes de conserve dans le garde-manger pour la durée du jeu.
Rassemblez des marchandises que vous achetez couramment – des briques de lait aux plaquettes de chocolat.

N'oubliez pas de fournir à l'enfant une caisse enregistreuse et de l'argent. Vous pouvez acheter de fausses pièces de monnaie, ou le laisser utiliser votre petite monnaie. Procurez-lui des sacs pour ranger les courses et des vieux tickets de caisse pour les donner aux clients.

à partir de 3-4 ans	
intérieur	✓
nombre d'enfants	illimité
durée	30 minutes ou plus
aide nécessaire	au départ
pas salissant	✓

MATÉRIEL

- **emballages d'aliments**
- **boîtes de conserve**
- **briques de lait, bonbons**
- **caisse enregistreuse et argent (petite monnaie)**
- **sacs**
- **tickets de caisse récupérés**

Ce que l'enfant apprend

L'enfant apprend à se remémorer ses expériences et à « parler » de sa vie. En mettant en scène des épisodes de son quotidien, il comprend mieux ce qui se passe autour de lui.

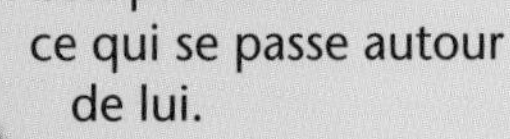

Dans le train

à partir de 3-4 ans	
intérieur/extérieur	✓
nombre d'enfants	illimité
durée	1 heure ou plus
aide nécessaire	au départ
pas salissant	✓

MATÉRIEL

- chaises
- peluches pour figurer les passagers
- billets de train récupérés
- casquette

Ce que l'enfant apprend

L'enfant apprend à se remémorer ses expériences et à « parler » de sa vie. En mettant en scène des épisodes de son quotidien, il comprend mieux ce qui se passe autour de lui.

Plutôt que d'en parler avec des mots, les enfants préfèrent mettre en scène leurs expériences quotidiennes. Organisez des sorties avec votre enfant pour stimuler son imagination. Un court trajet en train suffira à improviser un jeu passionnant.

déroulement de l'activité

Planifiez le voyage un peu à l'avance et parlez avec votre enfant de la manière dont il s'organise. Allez visiter ensemble la gare. Montrez-lui le guichet où vous achèterez les billets, le quai où vous attendrez l'arrivée du train.

Le voyage ne doit pas nécessairement être long. Un court trajet comportant deux arrêts dans un train de banlieue peut être enrichissant, alors qu'un voyage de trois heures risque d'être ennuyeux.

Repérez les petits détails qui rendront amusante la reconstitution du voyage.

De retour à la maison, prenez le temps de partager vos impressions avec votre enfant.

Fournissez-lui le matériel nécessaire pour jouer tant que l'expérience est encore fraîche dans sa mémoire : des chaises pour asseoir ses peluches, des billets récupérés et une casquette pour jouer le rôle du contrôleur.

Contrairement au conducteur d'un bus, celui d'un train ne se voit pas – sauf si vous l'avez montré à votre enfant dans la locomotive, mais ce n'est pas une raison pour que celui-ci ne joue pas au chauffeur !

Comme papa, maman

La famille étant au centre de la vie de l'enfant, elle fait inévitablement partie de ses jeux. Même s'il ne sait pas exactement ce que vous faites au travail, il vous voit aller et venir, et c'est sur ces observations que reposent ses jeux.

à partir de 3-4 ans	
intérieur	✓
nombre d'enfants	1
durée	30 minutes ou plus
pas d'aide nécessaire	✓
pas salissant	✓

MATÉRIEL

- **des accessoires que vous utilisez**

déroulement de l'activité

Pour imiter un de ses parents, votre enfant a besoin de quelques accessoires : lunettes, si vous en portez, chaussures à talons hauts, sacs, bijoux pour les filles, veston, chapeau ou montre pour les garçons.

Observez-vous lorsque vous quittez la maison pour vous rendre au travail. Cherchez-vous votre portable ? Vérifiez-vous le contenu de votre sac ? Prenez-vous la voiture ? Quelles que soient vos habitudes, fournissez à votre enfant les objets adéquats.

Parlez de votre travail à votre enfant. Montrez-lui des gens qui travaillent. Fournissez-lui, dans la mesure du possible, des outils ou objets qu'ils utilisent afin qu'il puisse reproduire leurs gestes.

Si votre enfant souhaite vous imiter pendant vos loisirs, procurez-lui par exemple une raquette et une balle pour jouer au tennis.

Ce que l'enfant apprend

En mettant en scène des situations de son quotidien, l'enfant comprend mieux ce qui se passe autour de lui. Il apprend à mettre ses idées en pratique, à se mettre dans la peau de quelqu'un d'autre.

Coffre à déguisements

3 à 6 ans	
intérieur/extérieur	✓
nombre d'enfants	illimité
durée	30 minutes ou plus
aide nécessaire	✓
pas salissant	✓

MATÉRIEL

- vêtements usagés
- accessoires usagés : gants, sacs, bijoux, chaussures, lunettes voilages
- tissu, ciseaux, velcro, aiguille et fil pour la tunique

Ce que l'enfant apprend

Par les jeux de rôles, l'enfant découvre que les autres n'ont pas les mêmes pensées ni sentiments que lui.
Cette prise de conscience influe sur ses relations avec autrui. Peu à peu, il cache ses sentiments.

La plupart des jeunes enfants adorent se déguiser. Lorsqu'ils jouent avec d'autres, c'est pour les besoins du jeu. Mais lorsqu'ils jouent seuls, c'est pour le plaisir de porter le costume.

déroulement de l'activité

COSTUMES ACHETÉS

Les garçons veulent généralement être des super-héros, les filles, des fées ou des princesses. Les uns et les autres essaient de s'imaginer ce qu'ils seront à l'âge adulte, de savoir ce que sont les hommes et les femmes. Ils se limitent généralement à quelques principes absolus – talons hauts et paillettes pour les filles, masques et capes de héros pour les garçons.

COSTUMES CONFECTIONNÉS

Les jeunes enfants enfilent plus facilement les capes larges et les jupes à taille élastique. Pour les fermetures, choisissez du velcro. Les costumes n'ont pas besoin d'être sophistiqués, ni même complets. Un chapeau rafistolé, une cape ou une tunique en fausse fourrure suffisent par exemple.

UN CHAT TOUT DOUX

Pour improviser un costume de chat, ajoutez simplement des oreilles à un bonnet de laine noire, une queue à une paire de pantalons noirs et fabriquez une tunique (voir encadré ci-contre) dans de la fausse fourrure noire. Complétez le costume par des moustaches réalisées avec du maquillage.

UN PREUX CHEVALIER

Confectionnez une tunique (voir encadré ci-contre) avec de la feutrine blanche. Taillez un écu en feutrine de couleur vive et collez-le au niveau de la poitrine. Complétez le costume avec un casque et une épée en plastique ou en carton.

VIEUX VÊTEMENTS

Les vide-greniers sont les endroits tout indiqués pour trouver de quoi se déguiser. Les enfants aiment les chaussures et les vestes trop grandes, les ballerines dorées pour danser, les boas de plumes, tout ce qui brille – paillettes, satin, fausse fourrure. Avec des voilages, ils se transformeront en fantômes et en mariées.

ACCESSOIRES INDISPENSABLES
Un coffre à déguisements digne de ce nom doit contenir les accessoires suivants : sacs à mains, perruques, chapeaux de sorcières et ailes de fée, lunettes de soleil et de vue (sans les verres), maquillage, bijoux, vieilles montres, chapeaux, gants, bonnets de laine, voilages, baguettes magiques et épées.

Comment fabriquer une tunique

Taillez un rectangle de tissu (ou de papier) mesurant deux fois la longueur des épaules de l'enfant jusqu'aux genoux et la largeur de la poitrine.

Pliez-le en deux et taillez un trou pour la tête.

Cousez un ourlet en bas, ou coupez les bords avec des ciseaux crantés.

Cousez du velcro au niveau de la taille de chaque côté de la tunique.

Monstres et fantômes

à partir de 3-4 ans	
intérieur	✓
nombre d'enfants	illimité
durée	30 minutes ou plus
aide nécessaire	✓
salissant	fabrication des costumes et du dessin de fantôme

MATÉRIEL

- **voilages et teinture verte**
- **papier noir et peinture blanche**
- **histoires de monstres, de fantômes, de sorcières**
- **gants en latex, crayons-feutres ou gouache liquide, ruban adhésif, vieux bouts de tissus, brins de laine, etc.**
- **drap**
- **ballon de baudruche et perruque**
- **collants et taies d'oreillers**
- **coton hydrophile, teinture noire et élastiques**

Ce que l'enfant apprend

L'enfant apprend à affronter ses propres peurs.

L'une des émotions que les jeunes enfants doivent apprendre à affronter en grandissant est la peur. Beaucoup sont effrayés par certains animaux ou objets – chiens, souris, araignées, illustrations d'un livre, par exemple. En fait, ils ont surtout peur de tout ce qui relève du mystère : fantômes, sorcières, monstres...

déroulement de l'activité

UN FANTÔME DANS LA MAISON

Rien de tel que des voilages pour se déguiser en fantômes. Si vous n'en avez pas de vieux, achetez-en dans un vide-grenier. Glissez le voilage sur la tête de l'enfant et laissez-le hanter la maison à sa guise.

HISTOIRES QUI FONT PEUR

Les histoires qui font peur sont innombrables et aussi vieilles que le monde. Laissez les enfants en raconter eux-mêmes (vous verrez que leur inventivité est impressionnante). Cela leur permettra d'extérioriser leurs peurs et d'en rire ensemble. Quoi qu'il en soit, ne ridiculisez jamais les peurs d'un enfant.

Les contes traditionnels sont riches d'enseignement. Les enfants suivront avec intérêt la destinée aventureuse du héros, même si elle ne s'achève pas forcément sur une note heureuse.

Profitez de ces moments privilégiés au cours desquels les enfants partageront leurs états d'âme.

ACCESSOIRES DE MONSTRES

Les costumes de monstres nécessitent un peu plus d'imagination que ceux des fantômes. Halloween est la période idéale pour trouver de l'inspiration. Voici quelques idées :

• Un voilage teint d'un vert maléfique et déchiré en plusieurs points.

• Des gants en latex peints de couleurs effrayantes et morbides sur lesquels vous scotcherez tissus, brins de laine et autres éléments donnant un air sale, pour faire des mains de monstre, d'ogre, de créature repoussante..

• Un ballon gonflable avec une perruque pour improviser une tête.

• Des collants garnis de taies d'oreillers pour fabriquer des bras et des jambes.

• Du coton hydrophile teint en noir et attaché à des élastiques pour représenter des pieds poilus.

Plaisirs de l'eau

à partir de 2 ans	
intérieur/extérieur	✓
nombre d'enfants	illimité
durée	30 minutes ou plus
aide nécessaire	✓
salissant	humide

MATÉRIEL

- **eau**
- **tasses, cruches, saladiers**
- **éponge**
- **pataugeoire**
- **jouets en plastique tels que canards, bateaux et poissons**
- **bâtons d'Esquimau et peinture pour fabriquer des poissons (facultatif)**
- **parapluie ou chapeau et sac en plastique pour la douche**
- **arrosoir**

Ce que l'enfant apprend

Le jeu apprend à l'enfant à concevoir les activités les plus banales, comme faire la vaisselle, sous un jour nouveau. Il découvre aussi la nature de l'eau et apprend à mener des expériences simples.

Qu'ils s'amusent à remplir des tasses dans l'évier, à faire naviguer des bateaux dans la baignoire, ou qu'ils organisent des courses de bâtons dans la rivière, l'eau fascine les enfants. Un enfant de 2 ans se contentera d'un saladier d'eau dans l'évier, d'une éponge et d'une tasse ou deux. Un enfant plus âgé pourra créer un univers plus complexe de bateaux, de canards et de roues à eau.

déroulement de l'activité

DANS L'ÉVIER

Ouvrez le robinet, en laissant couler un petit filet d'eau régulier, et laissez l'enfant remplir tasses, cruches et saladiers. Il peut ensuite s'amuser à la verser à loisir d'un récipient à un autre.

Il peut également s'amuser avec un saladier rempli d'eau, en submergeant les tasses pour les remplir.

Il peut aussi expérimenter avec divers matériaux. Il découvrira que certains absorbent l'eau, d'autres pas, que certains flottent, et d'autres coulent.

DANS LE BAIN OU LA PATAUGEOIRE

Le fait de se trouver dans l'eau stimule l'imagination de l'enfant. Les canards nageront jusqu'à l'extrémité de la pataugeoire pour aller chercher le pain que quelqu'un leur apportera. Les ennemis essaieront de couler les bateaux (ils arrivent avec un pistolet à eau), ou maman poisson partira en quête de nourriture pour ses petits. Pour encourager ces jeux, fournissez à l'enfant le matériel approprié : une flotte de bateaux, une famille de canards, une douzaine de bâtons d'Esquimau sur lesquels sont peints des poissons.

SOUS LA DOUCHE

Un petit parapluie ou un chapeau à large bord, protégé dans un sac en plastique, font un bruit ravissant lorsque l'enfant les porte sous la douche.

ARROSAGE DES PLANTES

Invitez l'enfant à parler aux plantes lorsqu'il les arrose, à leur demander la quantité d'eau qu'elles souhaitent recevoir.

EN PROMENADE

Organisez une course de morceaux de bois dans le ruisseau. Ou jetez-les dans la rivière d'un côté du pont et regardez-les apparaître de l'autre côté. En rentrant à la maison, racontez des histoires sur les canards que l'enfant a nourris. Tout peut être prétexte à des récits imaginés et imagés.

Cartons rigolos

à partir de 2 ans	
intérieur/extérieur	✓
nombre d'enfants	1 à 3
durée	30 minutes ou plus
aide nécessaire	au départ
pas salissant	✓

MATÉRIEL

- cartons
- gouache et pinceaux pour décorer (facultatif)

Ce que l'enfant apprend

Ce jeu pouvant être partagé par des enfants de 2 ans favorise la socialisation.

Lorsqu'ils jouent dans des cartons, les enfants semblent être dans un univers à part. Les suggestions ci-dessous, variantes sur le même thème, peuvent être partagées par de jeunes enfants de 2 ans, c'est-à-dire à l'âge où ils ont des difficultés à faire preuve d'initiative pour jouer ensemble.

déroulement de l'activité

UN SIMPLE CARTON

Rien de tel que les cartons pour amuser les enfants. Vous pouvez les transformer – par exemple en tracteurs en y ajoutant des roues –, mais les plus jeunes éprouveront autant de plaisir à jouer avec les cartons à l'état brut.

AVION

Pour fabriquer un avion pour plusieurs enfants, réunissez six cartons de taille identique, suffisamment grands pour qu'un jeune enfant puisse s'y asseoir.

Pour réaliser le fuselage, disposez quatre cartons l'un à côté de l'autre, le côté ouvert vers le haut pour les trois derniers, vers le bas pour le premier. Pour former les ailes, placez les deux autres, côté ouvert vers le bas, de part et d'autre du deuxième carton. Il suffit que les enfants montent à bord, et l'avion peut décoller. Vous pouvez décorer les cartons, mais ce n'est pas essentiel pour les enfants de 2 ou 3 ans.

Sous la tente

Les enfants apprécient de se serrer dans des espaces confinés et d'être hors de vue des autres tout en se sentant à proximité. Qu'il s'agisse d'une simple couverture posée sur la table de la salle à manger, ou d'une tente montée dans le jardin, la magie du campement amusera un jeune enfant pendant toute une journée.

déroulement de l'activité

IDÉES DE CAMPEMENT

Posez un grand drap sur la table de la cuisine.

Posez un drap entre deux fils à linge et maintenez ses extrémités au sol avec des briques.

Suspendez un rideau devant des lits superposés.

Tirez le canapé et posez des coussins par terre entre l'arrière du canapé et le mur.

Posez une couverture sur deux chaises.

Débarrassez le bas d'un placard, en vous assurant que l'enfant pourra ouvrir la porte de l'intérieur.

Aménagez un petit appentis dans le jardin.

Achetez une petite tente et montez-la sur la pelouse.

ACCESSOIRES

- Coussins et oreillers.
- Couvertures et tapis de sol pour l'extérieur.
- Un talkie-walkie pour garder le contact (voir page 212), de l'encre invisible (voir page 82) pour écrire des messages secrets.
- Un mot de passe et une poignée de main secrète pour ceux qui pénètrent dans la tente.

3 à 6 ans	
intérieur/extérieur	✓
nombre d'enfants	1 ou 2
durée	1 heure à une journée
aide nécessaire	au départ
pas salissant	✓

MATÉRIEL

- **tente, vraie ou improvisée (draps, couvertures, coussins, rideaux, et un support)**
- **placards**
- **petit appentis de jardin**
- **pique-nique (voir page 210)**
- **talkie-walkie (voir page 212)**
- **papier, bougie et gouache pour l'encre invisible (voir page 82)**

Ce que l'enfant apprend

Pour un enfant de 5 ou 6 ans, être sous une tente procure une agréable impression d'isolement. Pour les plus jeunes, la coupure avec la famille les amène à découvrir que leurs pensées et sentiments sont distincts de ceux des autres. Cette prise de conscience apparaît vers l'âge de 4 ans.

Pique-nique

à partir de 3-4 ans	
intérieur/extérieur	✓
nombre d'enfants	2 ou plus
durée	1 heure ou plus
aide nécessaire	pour préparer le pique-nique
pas salissant	✓

MATÉRIEL

- panier de pique-nique
- de quoi boire et manger
- nappe ou couverture
- assiettes, verres, etc.

Ce que l'enfant apprend

Idéale pour deux enfants ou davantage, cette activité favorise la socialisation et stimule l'imagination des enfants.

Un pique-nique partagé par plusieurs enfants les comblera de joie. Inutile d'aller très loin – même le dessous de la table ou le jardin seront propices à ce moment de partage. Les préparatifs et le repas sans adultes stimuleront l'imagination des enfants.

déroulement de l'activité

LE LIEU DU PIQUE-NIQUE

Par temps froid ou pluvieux, le pique-nique pourra se dérouler sous la table de la salle à manger ou derrière le canapé. Une grande nappe posée sur la table, tombant jusqu'au sol, procurera l'isolement nécessaire aux enfants.

Par beau temps, le jardin sera idéal. Laissez votre enfant choisir l'endroit.

LE PIQUE-NIQUE

Dans le cas d'un pique-nique en plein air, donnez aux enfants une couverture suffisamment grande pour que tous puissent s'y asseoir. Derrière le canapé ou sous la table, improvisez une nappe avec un torchon. Prévoyez une assiette et un verre en plastique pour chacun.

Dans le jardin, ils pourront verser eux-mêmes la boisson de la bouteille dans les verres. Dans la maison, procurez plutôt une petite bouteille d'eau à chacun.

Préparez des sandwichs et enveloppez-les dans du papier d'aluminium. N'oubliez pas les incontournables chips et un gâteau à partager, ainsi qu'un fruit pour chaque enfant. Les plus grands vous aideront à préparer les sandwichs et à tout ranger dans le panier de pique-nique.

Talkie-walkie

4 à 6 ans	
intérieur/extérieur	✓
nombre d'enfants	2
durée	30 minutes ou plus
aide nécessaire	✓
pas salissant	✓

MATÉRIEL

- **2 canettes de boisson ou pots de yaourt**
- **ficelle en coton ciré**
- **brochette ou aiguille à tricoter**

Ce que l'enfant apprend

Ce jeu favorisant la socialisation peut être envisagé comme une expérience scientifique ou de la magie pure, selon les enfants.

Ce jeu séduira les enfants par sa magie. Sous une tente, ce sera pour eux un excellent moyen de garder le contact avec leur entourage.

déroulement de l'activité

Récupérez deux boîtes en fer vides. Vérifiez que les bords ne sont pas coupants, car ils seront en contact avec les oreilles des enfants. Les canettes de coca ou de bière sont idéales, mais elles peuvent être remplacées par des pots de yaourt ou des boîtes de conserve relativement petites. Prévoyez aussi un long morceau de ficelle, de préférence en coton ciré. Faites un trou au fond de chaque boîte avec une brochette (pour le métal et le carton) ou avec une aiguille à tricoter en métal chaude (pour le plastique).

Les parents effectueront cette tâche. Introduisez une extrémité de la ficelle dans le trou et faites un nœud à l'intérieur de la boîte. Faites deux ou trois nœuds si besoin pour éviter que la ficelle sorte par le trou lorsque les enfants tirent fort dessus. Procédez de même avec l'autre boîte et l'autre extrémité de la ficelle.

Pour jouer, l'un des deux enfants parle dans sa boîte, et l'autre pose la sienne contre son oreille pour écouter. La ficelle doit être bien tendue. Si elle sort par le trou, il suffit de la remettre en place.

Si vous avez un mur dans votre jardin, essayez d'envoyer un message tout du long. Un enfant parle tandis que l'autre pose son oreille sur la brique ou la pierre pour écouter. Une légère courbure dans le mur favorise la transmission.

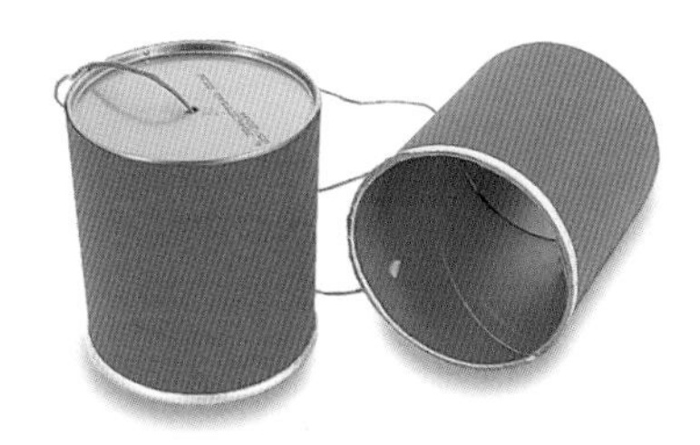

Constructions

4 à 6 ans	
intérieur	✓
nombre d'enfants	illimité
durée	30 minutes ou plus
aide nécessaire	au départ
salissant	✓

MATÉRIEL

- emballages de toutes sortes
- adhésifs : colle à bois, ruban adhésif simple et double face, Patafix, attaches parisiennes, trombones
- ficelle, laine
- un sac pour récupérer les objets

Ce que l'enfant apprend

L'enfant apprend à observer et à concevoir des objets ; à prévoir et à travailler en fonction d'un objectif. Cette activité développe la psychomotricité fine et stimule l'imagination.

Les enfants prennent plaisir à fabriquer des objets avec des matériaux simples comme des boîtes en carton et des bouts de ficelle. Il suffit d'emballages récupérés, d'un peu de colle pour les assembler, et d'une bonne dose d'imagination.

déroulement de l'activité

MATÉRIAUX DE CONSTRUCTION

Récupérez des emballages : boîtes de différentes tailles et formes, morceaux de carton, bouchons de bocaux et bouteilles, laine, ficelle, etc.

Préparez des tubes en carton. Très utiles, ceux des rouleaux de papier toilette et essuie-tout doivent cependant être « bricolés ». En effet, qu'ils soient posés à l'horizontale ou à la verticale, leur assemblage avec un autre élément n'est possible que par le contact d'une surface réduite. Pour résoudre ce problème, pratiquez quatre entailles à une extrémité du tube ou aux deux, et recourbez-les pour fabriquer des « pieds ». Préparez des tubes avec un simple jeu de pieds, d'autres avec des pieds à chaque extrémité.

La plupart des structures seront plus solides si elles reposent sur un carton rigide. Des emballages de produits alimentaires dépliés conviennent parfaitement à cet usage.

LA COLLE
La colle à bois est plus efficace que celle fabriquée avec de la farine et de l'eau pour cette activité.

Des morceaux de ruban adhésif double face sont parfaits pour les bords et les angles délicats.

Les trombones maintiennent les structures en place pendant que la colle sèche.

Les attaches parisiennes permettent de faire tourner les roues.

Le ruban adhésif renforce la colle et maintient les structures jusqu'à ce qu'elle soit sèche.

L'IDÉE
Si l'enfant n'a pas d'idées de construction, laissez-le fouiller dans la boîte de matériaux récupérés et choisir ce qui lui plaît.

Ensuite, il peut jouer aux cubes avec les éléments qu'il a sélectionnés. S'il lui manque une pièce particulière, laissez-le chercher de nouveau dans le sac sans non plus prendre trop d'objets. Les idées viendront très vite d'elles-mêmes.

Montrez à l'enfant comment appliquer la colle – son emploi n'est pas toujours évident pour les plus jeunes.

Un sac utile

Achetez ou fabriquez un sac dans lequel vous récupérerez avec votre enfant des objets qu'il pourra utiliser pour des projets de construction ou autres. Invitez-le à le prendre lorsque vous partez ensemble en promenade.

Aidez-le à choisir des objets pouvant compléter son plateau naturel (voir page 96) ou servir pour les constructions, collages et reconstitutions de paysages.

Rangez le sac dans un endroit facilement accessible pour l'enfant, toujours le même, afin qu'il puisse y ajouter ses trouvailles chaque fois que l'occasion se présente.

Maquettes

4 à 6 ans	
intérieur	✓
nombre d'enfants	1
durée	30 minutes ou plus
aide nécessaire	au départ
pas très salissant	✓

MATÉRIEL

- boîtes, papier cadeau, feutrine ou matériau adhésif pour tiroirs, mobilier miniature acheté ou fabriqué pour la maison de poupées
- plaque d'Isorel, papier mâché, papier de verre, miroir, gouache, animaux et bâtiments miniatures pour les fermes et les villes
- carton, marqueur, ruban adhésif et feux tricolores miniatures pour les routes
- bristol, paille, tissus, gommettes, pots de yaourts et bâtons d'Esquimau

Ce que l'enfant apprend

En s'inspirant de ses expériences, l'enfant développe mémoire, connaissance de soi et de l'espace.

Les jeunes enfants aiment jouer avec des versions miniatures d'objets ou de personnages réels. Maisons de poupées, garages, fermes et trains constituent quelques exemples classiques de ces « univers réduits ». Les magasins de jouets en offrent un large choix, mais ils sont également simples à fabriquer. Vous trouverez ci-dessous quelques suggestions.

déroulement de l'activité

MAISON DE POUPÉE

Posez un carton le côté ouvert sur le côté. Laissez-le tel quel, ou recouvrez l'intérieur de papier cadeau en guise de papier peint. Pour le revêtement du sol, posez un morceau de feutrine ou, mieux, un matériau adhésif servant à garnir les tiroirs.

Achetez ou fabriquez des meubles miniatures. Des boîtes d'allumettes se transformeront en lits ou en commodes. Des bobines de fil complétées de couvercles à bocaux fixés dessus deviendront des tables; des capsules de bouteilles, des tabourets.

FERMES ET VILLES

Une plaque d'Isorel constituera le support idéal pour une ferme ou une ville. Ajoutez des collines en papier mâché (voir pages 156-157), des routes en papier de verre et un miroir en guise de mare. Peignez le support en vert. Animez la scène avec des animaux en plastique et des bâtiments miniatures achetés.

ROUTES

Pour construire un réseau routier, découpez des bandes de papier de verre, peignez des lignes blanches en leur milieu et assemblez les bandes avec du ruban adhésif – vous obtenez des routes. Prévoyez des carrefours et des virages. Achetez des feux tricolores miniatures. L'enfant peut ensuite jouer à loisir avec ses voitures.

Personnages miniatures

Bâtons d'Esquimau
Il suffit de dessiner des visages à l'extrémité de bâtons d'Esquimau. Vous pouvez ajouter des cheveux en paille ou en ficelle, nouer un tablier, dessiner des vêtements...

La création de ces petits personnages est très simple et accessible même aux plus jeunes.

Pots de yaourt
Retournez des pots de yaourt et entourez-les de bristol. Aidez les jeunes enfants à le poser. Les plus âgés y parviendront seuls.

Peignez des visages sur le bristol ou formez les yeux et le nez avec des gommettes. Ajoutez des cheveux en laine ou en coton hydrophile. Découpez dans du carton des pieds attachés à de courtes jambes. Fixez-les à l'intérieur du pot avec du ruban adhésif ou de la Patafix.

Marionnettes clins d'œil

4 à 6 ans	
intérieur	✓
nombre d'enfants	1 à 4
durée	30 minutes ou plus
aide nécessaire	✓
salissant	✓

MATÉRIEL

- assiettes en carton, carton rigide, chaussettes usagées, sacs en papier et bouteilles en plastique pour les marionnettes
- brins de laine, coton hydrophile et feutrine
- élastiques
- ciseaux
- aiguille et fil
- crayons-feutres
- gouache
- colle

Ce que l'enfant apprend

Cette activité stimule l'imagination de l'enfant qui joue en s'inspirant de ses expériences. Il fabrique des objets qui lui permettent ensuite de mettre en scène des histoires.

La fabrication d'objets selon un ordre précis développe de nombreuses compétences exigées des enfants lorsqu'ils entrent à l'école où ils doivent suivre des instructions. Ci-dessous figurent quelques suggestions pour réaliser des marionnettes. Leur création ne constitue que la première étape de l'activité ; l'enfant peut ensuite jouer avec lorsqu'elles sont terminées.

déroulement de l'activité

ASSIETTES EN CARTON

Collez deux assiettes en carton face à face l'une sur l'autre, en laissant un espace suffisant pour la main de l'enfant. Peignez un visage, collez ou agrafez de la laine pour les cheveux, ajoutez un chapeau, un bouchon pour le nez. Il suffit que l'enfant glisse sa main dans l'espace ouvert pour jouer.

DRÔLES DE MARIONNETTES À DOIGTS

Dessinez un corps sans jambes sur du carton rigide. Faites deux trous à la base du corps de manière à y glisser les doigts en guise de jambes. Pour improviser un éléphant, prévoyez un seul trou, et glissez un doigt en guise de trompe.

CHAUSSETTES

Avec des marqueurs, du fil, de la feutrine, du coton, créez des visages dans des chaussettes à raccommoder. Les enfants feront parler les marionnettes en enfilant leur main dans la chaussette. Vous pouvez aussi faire des modèles à enfiler aux pieds.

BOUTEILLE EN PLASTIQUE

Coupez le haut de la bouteille de manière à obtenir un tube que vous décorez. Ajoutez un visage et des cheveux, un chapeau ou des oreilles. La marionnette repose sur la main et le poignet de l'enfant qui l'anime en parlant.

SAC EN PAPIER

Entortillez les coins du sac pour former les oreilles, puis dessinez un visage. La marionnette est prête.

MARIONNETTE À GAINE

Garnissez l'extrémité d'une chaussette de coton hydrophile, en le maintenant avec un élastique. L'enfant doit pouvoir glisser son doigt à l'intérieur. Coupez la chaussette de manière qu'elle ne dépasse pas 7 cm de long. Décorez cette tête avec un visage et des cheveux.

Pliez un morceau de feutrine en deux. Cousez les côtés en laissant deux trous près du pli, en haut, pour glisser le majeur d'un côté, le pouce de l'autre côté. Faites un trou dans le pli, en haut, pour y glisser la tête-chaussette. Cousez-la.

Pour jouer, glissez l'index dans la tête, le majeur et le pouce dans les trous latéraux pour figurer les bras.

Index des activités

Index général

Remerciements

Responsable du projet **Jane McIntosh**
Directrice éditoriale **Alice Tyler**
Directeur artistique **Tokiko Morishima**
Maquettiste **Ginny Zeal**
Photographe **Peter Pugh-Cook**
Styliste **Aruna Mathur**
Chef de fabrication **Jo Sim**

L'éditeur remercie vivement les enfants et leurs parents photographiés, pour leur patience et leur coopération. Ils remercient aussi l'organisation suivante pour l'utilisation de son matériel :

The Early Learning Centre, South Marston Park, Swindon, SN3 4TJ, Grande-Bretagne